LES FRÈRES DES ÉCOLES CHRÉTIENNES

CONTRE

LA COMMUNE DE CALUIRE

Les sieurs VASSEL, PIERROT & Consorts

ET

M. CHALLEMEL-LACOUR

JUGEMENT

Rendu par le Tribunal civil de Lyon

le 19 Juin 1872

DÉFÉRÉ A LA COUR D'APPEL DE LYON

LYON
IMPRIMERIE MOUGIN-RUSAND
3, rue Stella, 3

1875

JUGEMENT

Rendu par le Tribunal civil de Lyon

Le 19 *Juin* 1872

DÉFÉRÉ A LA COUR D'APPEL DE LYON

EXTRAIT des minutes du greffe du Tribunal civil de première instance, séant à Lyon, département du Rhône.

RÉPUBLIQUE FRANÇAISE, AU NOM DU PEUPLE FRANÇAIS, le Tribunal civil de première instance, séant à Lyon, a rendu en audience publique de la première chambre le jugement dont la teneur suit, entre :

Le sieur Aimé-Joseph Guillaume Dugave et le sieur Mathieu Bransiet, copropriétaires, demeurant tous deux à Paris, le sieur Bransiet agissant en outre comme supérieur général de l'Institut des Frères de la Doctrine chrétienne,

Demandeurs, comparant par Me Anglès, leur avoué, d'une part,

Et la commune de Caluire, représentée par le sieur Millet, adjoint, demeurant à Caluire, grande rue Saint-Clair, attendu l'opposition d'intérêts de ladite commune avec le sieur Vassel, maire,

Défenderesse au principal et à la garantie, demanderesse en garantie, comparant par Me Balloffet, son avoué, d'autre part,

Et : 1. le sieur André Vassel, maire et commerçant, demeurant à Caluire, cours d'Herbouville, 54 ;

2. Le sieur Jean-Claude Razuret, adjoint et tisseur, demeurant à Caluire, rue Coste, 17 ;

3. Le sieur Joseph-Augustin Pierrot, adjoint et cafetier, demeurant à Caluire, lieu du Bourg 47 ;

4. Le sieur Benoît Rivière, tisseur, demeurant à Caluire, rue Saint-Clair, 6 ;

5. Le sieur Jean-Antoine Faure, teinturier, demeurant à Caluire, grande rue Saint-Clair, 6 ;

6. Le sieur Charles Chatelet, tisseur, demeurant à Caluire, rue Saint-Clair, 1 ;

7, Le sieur Adolphe Truchet, épicier, demeurant à Caluire, cours d'Herbouville, 75 ;

8. Le sieur Etienne Chabaud, tisseur, demeurant à Caluire, montée du Belvédère, 10 ;

9. Le sieur Claude Ducotté, sans profession, demeurant à Caluire. impasse de Margnolle, 2 ;

10. Le sieur François Bertrand, tisseur, demeurant à Caluire, chemin de l'Oratoire, 20 ;

11. Le sieur Auguste Bouvet, tisseur, demeurant à Caluire, montée du Belvédère, 6;

12. Le sieur Antoine Montfalcon, tisseur, demeurant à Caluire, chemin de l'Oratoire, 4 ;

13. Le sieur Joseph Colomb, tisseur. demeurant à Caluire. chemin de l'Oratoire, 7;

14. Le sieur Jean Combe, tisseur, demeurant à Caluire, cours d'Herbouville, 63 ;

15. Le sieur Jean-Edouard Crassard, commis-négociant, demeurant à Caluire, cours d'Herbouville, 67 ;

Défendeurs au principal et à la garantie, demandeurs en garantie, comparant par Me Larrivé, leur avoué, d'entre part,

Et : 1. Le sieur Jean-Marie-Simon Rivière, sans profession, demeurant à Caluire, rue Saint-Clair, 127 ;

2. Le sieur Pierre Brunier, jardinier, demeurant à Caluire, rue Coste, 3 ;

Défendeurs au principal et à la garantie, demandeurs en garantie, comparant par Me Micolier, leur avoué, d'autre part ;

Et : 1. Monsieur David Moreau, rentier, demeurant à Lyon, rue Lafont, 2 ;

2. Monsieur Ernest Joannon, courtier, demeurant à Lyon, place Saint-Clair, 4 ;

3. Monsieur Laroque, négociant, demeurant à Lyon, rue de la Fromagerie, 3 ;

4. Monsieur Péju, négociant, demeurant à Lyon, rue de la Bourse, 33;

5. Monsieur Paul Bié, négociant, demeurant à Lyon, quai de Retz, 1;

6. Monsieur Gaultier, négociant, demeurant à Lyon, avenue de Noailles, 54;

7. Monsieur Brébant, rentier, demeurant à Caluire, Grande-Rue, 112;

8. Monsieur Charles Méhier, négociant, demeurant à Lyon, rue Saint-Pierre, 9;

9. Monsieur Aimé Galée, négociant, demeurant à Lyon, grande rue des Feuillants, 3;

10. Monsieur Blache, négociant, demeurant à Lyon, place Tholozan, 37;

11. Monsieur Magloire Martin, négociant-propriétaire, demeurant à Cuire;

12. Monsieur Antoine Duby, propriétaire, demeurant à Cuire;

13. Monsieur Vermorel; négociant, demeurant à Lyon, grande rue des Feuillants;

14. Monsieur Jean-Marie Seurre, négociant, demeurant à Caluire, route des Soldats;

15. Monsieur Barrard, négociant, demeurant à Caluire;

16. Monsieur Chaine, négociant, demeurant à Caluire, quai de Caluire, 47;

17. Monsieur Brosset, négociant, demeurant à Lyon, place Tholozan, 18;

18. Monsieur Tournissoud, négociant, demeurant à Caluire, Grande-Rue, 74;

19. Monsieur Séjalon, négociant, demeurant à Caluire, Grande-Rue, 5;

20. Monsieur François Guy, cultivateur, demeurant à Caluire, Grande-Rue, 34;

21. Monsieur Vaytillac, rentier, demeurant à Caluire, Grande-Rue;

22. Monsieur Henri Gavillon, propriétaire, demeurant à Caluire, Grande-Rue, 34;

23. Monsieur Cret jeune, propriétaire, demeurant au Vernay, 22;

24. Monsieur Marillat, propriétaire, demeurant à Lyon, chemin de la Pape;

25. Monsieur Jean-Marie Brun, vétérinaire, demeurant à Caluire, Grande-Rue, 112;

26. Monsieur Claude Roullet, propriétaire, demeurant au Vernay, 24;

27. Monsieur Pierre Servonnat, propriétaire, demeurant à Caluire, Grande-Rue, 78;

28. Monsieur François Roullet, propriétaire, demeurant à Caluire, Grande-Rue, 70;

29. Monsieur Pierre Vénard, propriétaire, demeurant à Caluire, Grande-Rue, 37;

30. Monsieur François Huguenet, propriétaire, demeurant à Caluire, Grande-Rue, 12;

31. Monsieur Bugniot, propriétaire, demeurant à Caluire, quai de Cuire, 6;

32. Monsieur Rivoirat, propriétaire, demeurant à Caluire, Grande-Rue, 22;

33. Monsieur Pierre Murillat, propriétaire, demeurant à Caluire, Grande-Rue, 11;

34. Monsieur Janet, buraliste, demeurant à Caluire ;
35. Monsieur Baptiste Golin, bourrelier, demeurant à Caluire ;
36. Monsieur Micollet, menuisier, demeurant à Caluire, rue de Caluire, 58 ;
37. Monsieur Hubert Gavillon, cultivateur, demeurant à Caluire, Grande-Rue, 58;
38. Monsieur Jean-Claude Puy, épicier, demeurant à Caluire;
39. Monsieur François Rimbourg, propriétaire, demeurant à Caluire ;
40. Monsieur Jean Vondière, propriétaire, demeurant à Caluire;
41. Monsieur Guillot, rentier, demeurant à Caluire ;
42. Monsieur Besquent, boulanger, demeurant à Caluire;
43. Monsieur Torsui, perruquier, demeurant à Caluire ;
44. Monsieur Jean-Baptiste Arnaud, propriétaire-rentier, demeurant à Caluire ;
45. Monsieur Servonnat cadet, serrurier, demeurant à Caluire ;
46. Monsieur Clermont, charcutier, demeurant à Caluire;
47. Monsieur Larret, boucher, demeurant à Caluire ;
48. Monsieur Jean Blanc, rentier, demeurant à Caluire ;
49. Monsieur François Mollard, propriétaire, demeurant à Caluire ;
50. Monsieur Mercier, cordonnier, demeurant à Caluire ;
51. Monsieur Gelin jeune, tonnelier, demeurant à Caluire;
52. Monsieur Glatoud, propriétaire, demeurant au Vernay ;
53. Monsieur Mou, propriétaire, demeurant à Caluire ;
54. Monsieur François Tenard, propriétaire, demeurant au Vernay;
55. Monsieur Thollon, propriétaire, demeurant au Vernay ;
56. Monsieur Jean Thollon, propriétaire, demeurant au Vernay;
57. Monsieur Natton, cultivateur, demeurant à Caluire;
58. Monsieur François Loup, cultivateur, demeurant au Vernay;
59. Monsieur Dubois, cultivateur, demeurant au Vernay ;
60. Monsieur Jacques Vondière-Gerin, propriétaire, demeurant au Vernay ;
61. Monsieur Martin Tenard, propriétaire, demeurant au Vernay;
62. Monsieur Antoine Rivière, propriétaire, demeurant au Vernay ;
63. Monsieur Pierre Vondière, cultivateur, demeurant au Vernay ;
64. Monsieur Antoine Vergnier, propriétaire, demeurant au Vernay.
65. Monsieur Louis Gonon, propriétaire, demeurant au Vernay;
66. Monsieur Jayet, boulanger, demeurant au Vernay;
67. Monsieur Jean Thollon, cultivateur, demeurant à Caluire ;
68. Monsieur André Rouillat, cultivateur, demeurant à Caluire;

69. Monsieur Rivière fils, horticulteur, demeurant à Caluire ;

70. Monsieur Denis Prolong, cabaretier, demeurant à Caluire

71. Monsieur Jullien, tonnelier, demeurant à Caluire ;

72. Monsieur Benoît Pipier, cultivateur, demeurant au Vernay ;

73. Monsieur Bauge fils, propriétaire et teinturier, demeurant à Lyon, cours d'Herbouville, 67 ;

74. Monsieur Four, serrurier, demeurant à Caluire ;

75. Monsieur Roullet, menuisier, demeurant à Caluire ;

76. Monsieur Dominique Loup, rentier, demeurant à Caluire ;

77. Monsieur Hominal-Gouttinet, fabricant de produits chimiques, demeurant à Lyon, cours d'Herbouville, 48, et quai de Caluire, 33 ;

78. Messieurs Pitrat et Cornu, teinturiers, demeurant à Lyon, cours d'Herbouville, 65 et 64 ;

79. Messieurs Laroche Ruegs et Cie, fabricants de produits chimiques, demeurant à Lyon, cours d'Herbouville, 35 ;

80. Monsieur Jean-Baptiste Chapottier, propriétaire, demeurant à Lyon, chemin de l'Oratoire, 44 ;

81. Monsieur Léger, propriétaire, domeurant à Lyon, cours d'Herbouville, 25 ;

82. Monsieur Joseph Pipier, cultivateur, demeurant au Vernay ;

83. Monsieur Louis Ferrand, propriétaire, demeurant à Cuire ;

84. Monsieur Christophe Rochon, propriétaire, demeurant à Cuire ;

85. Monsieur Joseph Guy, propriétaire, demeurant à Cuire ;

86. Monsieur Sublet, menuisier, demeurant à Cuire ;

87. Monsieur Pierre Ferrand, propriétaire, demeurant à Cuire ;

88. Monsieur Claude Nuque, propriétaire, demeurant à Cuire ;

89. Monsieur Joseph Vufrin, demeurant à Cuire ;

90. Monsieur Loisy, propriétaire, demeurant à Cuire ;

91. Monsieur Claude Mulet, propriétaire, demeurant à Cuire ;

92. Monsieur Jean-Claude Martin, propriétaire, demeurant à Cuire ;

93. Monsieur Amblet, propriétaire, demeurant à Cuire,

Intervenants par Me Pignaud, leur avoué, d'autre part;

Et le sieur Paul Challemel-Lacour, ancien préfet du Rhône, député à l'Assemblée nationale, demeurant à Paris, rue Fontaine, 38,

Défendeur au principal et aux garanties, demandeur en garantie, comparant par Me Deville, son avoué, d'autre part;

Et le département du Rhône, représenté par Monsieur Valentin, préfet du Rhône, défendeur au principal et aux garanties, comparant par Mᵉ Ruby, son avoué, d'autre part,

Et l'Etat français, représenté par Monsieur Valentin, préfet du Rhône, défendeur au principal et aux garanties, comparant par Mᵉ Ruby, son avoué, d'autre part ;

Ouï Mᵉ Brac de la Perrière, avocat, qui a plaidé assisté de Mᵉ Anglès, avoué, qui a conclu à ce qu'il plaise au Tribunal dire et prononcer que la commune de Caluire, les sieurs Vassel, Razuret, Pierrot, Benoît Rivière, Faure, Chatelet, Truchet, Chaboud, Ducotté, Bertrand, Bouvet, Montfalcon, Colomb, Combe, Crassard, Simon Rivière, Brunier, le sieur Challemel-Lacour, sont solidairement condamnés à payer aux demandeurs : 1° la somme de cent quatre mille neuf cent trente-quatre francs cinquante-cinq centimes pour les causes énoncées dans le rapport de l'expert Bissuel, et dans l'exploit introductif d'instance ; 2° les intérêts à cinq pour cent de ladite somme depuis le jour de la demande ; 3° les dépens de l'instance dans lesquels seront compris notamment les frais des divers actes judiciaires ou extra-judiciaires signifiés, ou procès-verbaux dressés à partir du quatorze octobre mil huit cent soixante-dix, ceux des divers référés introduits par les demandeurs, ceux payés à M. Guelle, com-commissaire-priseur, et à Mᵉ Boffard, notaire, à raison de l'inventaire déposé en ses minutes, ceux de l'expertise et du rapport de M. Bissuel ;

Dire que la commune de Caluire est de plus condamnée à payer aux demandeurs avec intérêts de droit à compter du sept mai mil huit cent soixante-douze, pareille somme de cent quatre mille neuf cent trente-quatre francs cinquante-cinq centimes pour représenter le double des objets pillés ou enlevés de force, des dégradations et dévastations, sans préjudice de l'amende à payer à l'Etat ;

Dire que les sieurs Vassel, Razuret, Pierrot, Benoît Rivière, Simon Rivière, Faure, Chatelet, Truchet, Chaboud, Ducotté, Bertrand, Brunier, Bouvet, Montfalcon, Colomb, Combe, Crassard et Challemel-Lacour sont condamnés solidairement avec la commune de Caluire à payer ladite somme de cent quatre mille neuf cent trente-quatre francs cinquante-cinq centimes avec intérêts de droit, à compter du sept mai mil huit cent soixante-douze ;

Donner acte aux demandeurs de leurs réserves contre l'Etat français et le département du Rhône, afin de prendre contre eux, ultérieurement et le cas échéant, telles conclusions qu'il appartiendra ;

Oui, Me Thevenet, avocat qui a plaidé, assisté de Me Balloffet, avoué, qui a conclu à ce qu'il plaise au Tribunal donner acte à la commune de Caluire de sa déclaration qu'elle nie énergiquement avoir fait exécuter elle-même, ou par ses adjoints et ses gardes nationaux la délibération du vingt-sept septembre mil huit cent soixante-dix ; qu'elle conteste sur ce point comme sur la date de la prise de possession indiquée par les demandeurs comme ayant eu lieu le vingt-huit septembre mil huit cent soixante-dix, alors que ce n'est que plus tard que les Frères sont partis ;

Par suite, dire et prononcer que l'action dirigée contre elle par les sieurs Dugave et Bransiet, soit en vertu de la loi du dix vendémiaire an IV, soit en vertu de l'article 1382 du Code civil, n'est pas recevable ; que la commune est renvoyée d'instance avec dépens ;

Subsidiairement, déclarer que la responsabilité de la commune, encourue par la délibération du vingt-sept septembre mil huit cent soixante-dix est couverte par l'approbation donnée à cette délibération par l'autorité supérieure ;

Plus subsidiairement encore, que sous le bénéfice de l'offre faite par la commuue de restituer aux demandeurs les produits des ventes faites par elle, sauf son recours contre Challemel-Lacour personnellement, le département du Rhône et l'Etat français, elle sera déchargée de toute autre responsabilité ; les demandeurs, ou qui mieux le devra, condamnés aux dépens ;

Très-subsidiairement, que pour le cas où il interviendrait au profit de Dugave et Bransiet, ou de tous autres concluants, quelque condamnation contre la commune de Caluire : 1° le sieur Challemel-Lacour personnellement ; 2° le département du Rhône ; 3° l'Etat français seront tenus solidairement de l'en relever et garantir en capital, intérêts et frais ; les mêmes condamnés solidairement aux dépens de la demande en gara n

Reconventionnellement, dire que les sieurs Dugave et Bransiet devront rembourser à la commune les dépenses que celle-ci a faites pour divers travaux de réparation, achèvement et entretien exécutés et avancés par la commune, et en cas de contestatation, nommer des experts pour vérifier et constater les travaux et leur importance ;

Ouï, Me Guillot, avocat, qui a plaidé, assisté de Me Larrivé, avoué, qui a conclu à ce qu'il plaise au Tribunal dire et prononcer que la demande de Dugave et Bransiet est non-recevable à l'encontre de Vassel, Razuret, Pierrot, Benoît Rivière, Faure, Chatelet. Truchet, Chaboud, Ducotté, Bertrand, Bouvet, Montfalcon, Colomb, Combe et Crassard, assignés en leurs noms personnels ; en conséquence, mettre les sus-nommés hors de cause, les demandeurs condamnés aux dépens envers eux ;

Subsidiairement, et pour le cas où le Tribunal croirait devoir les retenir en cause en leurs noms personnels, comme responsables, dire et prononcer que l'expertise sur laquelle se fondent les demandeurs, pour appréciation de l'indemnité qui leur serait due, n'a pas été faite en leur présence ou eux dûment appelés, et ne peut dès lors leur être opposée ;

Plus subsidiairement, qu'il y a lieu de déclarer non justifiés les sept chefs de réclamation indiqués par l'expert, et sous le bénéfice de l'offre que font les concluants de restituer à Dugave et Bransiet le montant des ventes opérées dans leur établissement, sauf leur recours contre le département du Rhône et l'Etat français, aux mains desquels ces prix de ventes ont été versés, ils sont renvoyés d'instance avec dépens ;

Plus subsidiairement encore, que trois experts seront nommés ou que les parties seront renvoyées devant un de MM. les juges, à l'effet de procéder à une nouvelle évaluation des indemnités dues à raison de ceux des sept articles de la réclamation des Frères qui n'auraient pas été dès à présent repoussés complétement, et en prenant pour bases de ces évaluations les estimations données à l'inventaire dressé par M. Guelle, commissaire-priseur, et les prix des ventes opérées administrativement, les dépens en ce cas réservés ;

Très-subsidiairement, et statuant sur les demandes en garantie formées par les concluants, dire et prononcer que : 1° Challemel-Lacour, en son nom personnel ; 2° la commune de Caluire ; 3° le département du Rhône ; 4° l'Etat français, seront tenus solidairement de relever et garantir les concluants de toutes les condamnations qui pourraient être prononcées contre eux au profit de Dugave et Bransiet, en capital, intérêts et frais ; les mêmes condamnés en outre solidairement aux frais des demandes en garantie ;

Ouï, Me Tavernier, avocat, qui a plaidé, assisté de Me Micolier, avoué, qui a conclu à ce qu'il plaise au Tribunal renvoyer purement et simplement les sieurs Simon Rivière et Brunier de la demande principale à eux formée, laquelle sera déclarée non recevable à leur égard, et dans tous les cas, mal fondée ; condamner les demandeurs principaux à tous les dépens ;

Subsidiairement, dire et prononcer que l'expertise à laquelle il a été procédé ayant eu lieu hors leur présence et sans qu'ils y aient été appelés, ne peut leur être opposée ;

Plus subsidiairement, et statuant sur la demande en garantie formée par les concluants, dire et prononcer que : 1° Challemel-Lacour, en son nom personnel ; 2° la commune de Caluire ; 3° le département du Rhône ; 4° l'Etat français, sont tenus solidairement de relever et garantir les concluants de toutes les condamnations qui pourraient intervenir contre Simon Rivière et Brunier, au profit de Dugave et Bransiet, en capital, intérêts et frais ; les mêmes condamnés aussi solidairement en tous les dépens de la demande en ga rantie;

Ouï, Me Genton, avocat, qui a plaidé, assisté de Me Pignaud, avoué, qui a conclu à ce qu'il plaise au Tribunal recevoir l'intervention des sieurs Morand, Joannon, Laroque, Péju, Paul Bié et autres, comme régulière en la forme, juste et bien fondée au fond ; en conséquence, sans approbation aucune de la demande des sieurs Dugave et Bransiet, dire et prononcer que le département du Rhône, l'Etat français, les sieurs Challemel-Lacour, Vassel, Razuret, Pierrot, Benoît Rivière, Faure, Chatelet, Truchet, Chaboud, Ducotté, Bertrand, Bouvet, Montfalcon, Colomb. Combe, Crassard, Simon Rivière, Brunier et tous autres dont la participations aux faits dont s'agit serait démontrée, sont solidairement condamnés à relever et garantir les intervenants des parts et portions qui seraient mises à leur charge par la répartition de l'impôt dans le montant des condamnations qui seraient prononcées contre la commune de Caluire en faveur des sieurs Dugave et Bransiet ; les condamner de plus solidairement aux intérêts de droit et aux dépens de l'instance, y compris ceux de l'intervention.

Ouï Me Laurier, avocat du barreau de Paris, qui a plaidé, assisté de Me Deville, avoué, qui a conclu à ce qu'il plaise au Tribunal rejeter purement et simplement, comme irrégulière, nulle et en tous cas mal fondée, la demande dirigée contre M. Challemel-Lacour, et condamner les demandeurs aux dépens ;

Très subsidiairement, dire que l'Etat soit tenu de relever et garantir M. Challemel-Lacour de toutes les condamnations qui pourraient être prononcées contre lui.

Ouï Me Dubost, avocat, qui a plaidé, assisté de Me Ruby, avoué, qui a conclu à ce qu'il plaise au Tribunal dire et prononcer que soit la demande principale de Dugave et Bransiet, soit les diverses demandes en garantie formées contre le département du Rhône sont non recevables et mal fondées, l'en renvoyer et condamner tous les demandeurs solidairement aux dépens.

Ouï Me Dubost, avocat, qui a plaidé, assisté de Me Ruby, avoué, qui a conclu à ce qu'il plaise au Tribunal, en ce qui concerne l'Etat français, se déclarer incompétent, renvoyer la cause et les parties devant les juges qui en doivent connaître, les demandeurs, soit principaux, soit en garantie, condamnés solidairement aux dépens.

FAITS

Les demandeurs articulent ce qui suit, sauf articulations contraires et sans nuire ni préjudicier en aucune façon aux droits respectifs des parties :

L'Institut des Frères des Ecoles chrétiennes est légalement reconnu par ordonnance royale de septembre mil sept cent vingt-quatre, et par décret impérial du dix-sept mars mil huit cent huit ;

Aux termes de trois actes reçus par Me Berloty et son collègue, notaires à Lyon, les onze janvier mil huit cent quarante-cinq, vingt-cinq juin et douze juillet mil huit cent quarante-cinq, cinq mars mil huit cent quarante-six, les sieurs Dugave et Bransiet achètent des mariés Cognet et Baudrand-Pradel de la Roue une propriété, sise à Caluire. Depuis cette époque, les sieurs Dugave et Bransiet y font élever des constructions d'une grande importance, destinées à un noviciat pour les Ecoles chrétiennes, et à un refuge pour les Frères âgés et infirmes.

Le vingt-cinq août mil huit cent soixante-dix, le Frère Paulin-Marie, directeur de cet établissement, écrit au président de la Société de secours aux blessés pour lui offrir cinquante lits, les secours médicaux et le personnel nécessaire.

Le trois septembre mil huit cent soixante-dix, M. Desgranges, vice-président de la commission administrative de la Société de secours, lui répond qu'il a visité le local offert, l'a jugé dans d'excellentes conditions, et que la Société acceptait cette ambulance de cinquante lits.

Le vingt-sept et le vingt-huit septembre mil huit cent soixante-dix, le conseil municipal de Caluire, composé des sieurs Vassel, maire, Razuret et Pierrot, adjoints, Benoît Rivière, Simon Rivière, Faure, Chatelet, Truchet, Chaboud, Ducotté, Bertrand, Brunier, Bouvet, Montfalcon, Colomb, Combe et Crassard, conseillers municipaux, prend les déliberations suivantes :

Le mardi vingt-sept septembre mil huit cent soixante-dix, le conseil municipal a adopté les mesures suivantes :

« Considérant que la patrie en danger a besoin de toutes les ressources de la « France ;

« Considérant que l'immense établissement des Frères ignorantins situé sur notre « commune peut être converti en ambulance, caserne ou toute autre désignation jugée « nécessaire par le comité de défense nationale ;

« Le conseil municipal, dans la séance de ce jour et à l'unanimité, a ordonné le dé-

« part pour leurs foyers respectifs de tous les novices et Frères résidant dans ledit « établissement ;

« Aujourd'hui, vingt-huit, à midi précis, cet ordre leur sera signifié par les trois « adjoints de la commune, accompagnés d'un piquet de gardes nationaux, qui devra « s'y établir et à leurs frais jusqu'à complète évacuation.

« Un inventaire sera fait par les trois adjoints.

« Caluire, le vingt-huit septembre mil huit cent soixante dix.

« En marge est écrit : Conseil municipal demande à l'unanimité l'expulsion de tous « les novices des Frères ignorantins pour que la communauté soit convertie en caserne « ou ambulance. »

Une expédition de ces délibérations, signée par les dix-sept membres du conseil municipal ci-dessus désignés porte en marge : « *Vu et approuvé, le préfet du Rhône, Challemel-Lacour.* »

Elle a été transcrite le vingt-deux octobre mil huit cent soixante-onze, sur le registre des délibérations du conseil municipal de Caluire.

Une autre expédition, signée : pour copie conforme, Vassel, est remise, le vingt-huit septembre mil huit cent soixante-dix, aux Frères habitant la commune de Caluire. Elle porte la mention d'enregistrement suivante : Enregistré à Lyon, le quinze novembre mil huit cent soixante-onze, folio 104, verso, case 9, reçu deux francs quarante centimes. Signé, Baudot.

En exécution de ces délibérations, le vingt-huit septembre mil huit cent soixante-dix, à midi, les trois adjoints, accompagnés de gardes nationaux armés occupent ledit établissement, qui est évacué par les novices.

Le premier octobre mil huit cent soixante-dix, le commandant de la garde nationale de Lyon donne l'ordre suivant : « Comité de la guerre, état-major de la garde nationale. Ordre au citoyen Chavent de prendre une compagnie pour expulser les Frères ignorantins de Caluire, *suivant les ordres du préfet du Rhône.* Lyon, le premier octobre mil huit cent soixante-onze. Pour le commandant supérieur: le chef d'état-major; signé, Vérat. »

Le trois octobre, le conseil municipal de Caluire prend la délibération suivante : « Le conseil demande que les maisons des Frères des Ecoles de Caluire soient dé-« clarées propriété communale et soient mises à la disposition du comité pour la dé-« fense nationale pendant la guerre. Les Frères, vieillards ou infirmes resteraient dans « la maison jusqu'à ce qu'on leur ait trouvé un autre asile convenable. Une commis-« sion est nommée pour faire l'inventaire du mobilier dans lesdites maisons. »

Le même jour, trois octobre, le directeur des Frères à Caluire écrit au maire Vassel une lettre de protestation, à laquelle le maire répond le lendemain, quatre, en ces termes : « J'ai l'honneur de vous informer, en réponse à votre lettre du trois octobre courant, qu'il ne m'appartient pas de revenir sur les ordres qui ont été donnés au sujet de votre établissement. Le maire, signé Vassel. »

Le six octobre, le maire Vassel adresse au préfet la lettre suivante : « Nous, maire « de Caluire et *Cuir (sic)* : Vu la protestation accompagnée de paroles menaçantes du « Frère Paulin-Marie, directeur de la maison des Frères, sur ma commune, contre « l'inventaire que, par décision du conseil municipal, nous nous proposons de faire du « mobilier et provisions dudit établissement, je demande au citoyen préfet du Rhône « l'autorisation *formel (sic)* de procéder immédiatement à l'expulsion de ces messieurs, « et l'ordre de conduire les dix ou douze *viellard (sic)* qui s'y trouvent, soit à la Cha- « rité, soit aux *Anticaille (sic)*, aux frais de la commune, notre intention étant de « mettre l'établissement à la disposition de la défense *national (sic)*, pour le conver- « tir, soit en ambulance, soit en caserne; de faire une distribution régulière des pro- « visions aux bureaux de bienfaisance de la commune, provisions qui consistent en « riz, haricots, pommes de terre, etc. Les vins seront vendus au profit des mêmes « bureaux, afin d'éviter toute dilapidation. Ces messieurs font écrire dans leurs jour- « naux que nous les avons expulsés brutalement, ne leur ayant donné que cinq quarts « d'heure, tandis que la décision du conseil leur a été signifiée le vingt-huit septembre « écoulé, et qu'ils sont encore tous parfaitement *tranquil (sic)* dans leur maison ; les « novices *seul (sic)* étant partis volontairement; notre décision du vingt-sept septem- « bre étant approuvée par le citoyen Challemel-Lacour, je le prie de m'autoriser à « *ajir (sic)* comme je le demande.

« Caluire, le six octobre mil huit cent soixante-dix.

« Le maire, signé, Vassel. »

En marge de cette lettre se trouvent ces mots : « Autorisation est donnée de conduire les vieillards et les infirmes restés dans la maison des Frères de Caluire à la Charité ou à l'Antiquaille, où ils seront entretenus aux frais de la commune. Signé, P. Challemel-Lacour. » La lettre et l'autorisation ont été enregistrées, à Lyon, le vingt-six juin mil huit cent soixante-douze, folio 144, case 5, par le receveur Baudot.

Le huit octobre, les Frères valides, les vieillards et les infirmes sont expulsés de l'établissement. Les vieillards et infirmes amenés à l'hospice de la Charité, y sont reçus provisoirement jusqu'à la représentation d'un ordre exprès du préfet, remis deux jours après à l'économe de la Charité, et qui est ainsi conçu : « Le préfet du Rhône autorise la translation à l'hospice de la Charité des vieillards et infirmes qui se trouvaient dans la maison des Frères de Caluire. L'entretien de ces hommes est à la charge de la commune de Caluire. Lyon, le dix octobre mil huit cent soixante-dix. Le préfet du Rhône, commissaire extraordinaire de la République. Signé, P. Challemel-Lacour. »

Le neuf octobre, le maire Vassel expose au conseil municipal qu'il a fait conduire à la Charité et à l'Antiquaille les malades, vieillards ou infirmes qui restaient dans l'établissement des Frères, aujourd'hui propriété communale, et qu'il a pris possession définitive de cet établissement. Le même jour, neuf octobre, le conseil municipal prend une délibération par laquelle il ordonne la vente des provisions et denrées trouvées dans l'ancien établissement des Frères, aujourd'hui propriété communale.

Le dix octobre, il est apposé des affiches dont suit la teneur :

« République française.

« Département du Rhône.

« Commune de Caluire et Cuire.

« Vente aux enchères publiques de provisions de bouche, récoltes sur pied, bêtes « à cornes, fourrage, vin, etc., dans l'ancien établissement des Frères, à Caluire.

« Le maire provisoire de Caluire et Cuire donne avis : Que le samedi quinze oc- « tobre courant, à huit heures du matin, et jours suivants, à la même heure, s'il y a « lieu, il sera procédé à la vente aux enchères publiques, par le ministère d'un « commissaire-priseur, de provisions de bouche, récoltes sur pied, bêtes à cornes, « fourrage, vin, etc., trouvés dans l'ancien établissement des Frères à Caluire, « aujourd'hui propriété communale.

« Cette vente, dont le produit doit être employé à des œuvres de bienfaisance, « aura lieu dans ledit établissement, en présence du maire de la commune ou d'un « adjoint délégué, assisté de deux conseillers municipaux.

« Les objets ou marchandises qui ne seraient pas payés aussitôt après avoir été « adjugés, seront remis immédiatement en vente.

« Fait à Caluire, le dix octobre mil huit cent soixante-dix.

« Le maire provisoire, signé. A. Vassel.

« Lyon, imprimerie de veuve Lépagnez et fils. »

Un exemplaire de ces placards a été enregistré à Lyon, le onze novembre mil huit cent soixante-onze, folio 93, recto, case 3, par le receveur Baudot.

Le même jour, dix octobre, le sieur Guelle, commissaire-priseur, requis par le maire Vassel, procède à l'inventaire des objets mobiliers existant dans l'établissement des Frères. Cet inventaire, fait hors de la présence des Frères, mais en présence du sieur Denis-Brack, indiqué comme propriétaire de l'établissement, est clos le vingt-six du même mois.

Il est signé par Denis-Brack et Vassel, maire.

Le treize octobre, le Frère Paulin-Marie, directeur de l'établissement des Frères de Caluire, adresse au préfet Challemel-Lacour la lettre ainsi conçue :

« 13 octobre 1870.

« Monsieur le préfet,

« Par divers arrêtés, la municipalité provisoire de Caluire a ordonné l'expul-
« sion des Frères des Ecoles chrétiennes d'une maison qu'ils possèdent sur le terri-
« toire de cette commune, la confiscation de cet immeuble et la mise en vente d'une
« partie du mobilier.

« Tous ces arrêtés, à l'exception de celui relatif à la vente annoncée pour samedi
« prochain, ont été exécutés sous le couvert de votre approbation et de votre
« signature.

« Je veux croire, monsieur le préfet, que vous avez été induit en erreur lorsque
« vous avez autorisé ces décisions, qui portent atteinte au droit de propriété, à la
« liberté du domicile et des personnes. C'est pourquoi je crois devoir vous rensei-
« gner officiellement sur la situation de fait et de droit de l'établissement que j'ai
« l'honneur de diriger :

« 1° L'Institut des Frères des Ecoles chrétiennes est reconnu par une ordon-
« nance de mil sept cent vingt-quatre et un décret de mil huit cent huit ; il est dès-
« lors personne civile, capable d'acquérir et de posséder.

« L'arrêté du comité de salut public qui place sous séquestre les biens des com-
« munautés *non reconnues* ne serait pas même applicable, s'il était légitime ;

« 2° L'établissement de Caluire n'est pas affecté aux écoles communales ; c'est
« un noviciat et une maison de retraite. La décision prononçant suppression de
« l'enseignement congréganiste dans les écoles communales ne peut donc l'atteindre
« en aucune manière ;

« 3° Les nécessités du moment ne peuvent pas, non plus, justifier les me-
« sures arbitraires et despotiques dont je me plains ; ces mesures étaient inutiles
« à tous égards ; car depuis le vingt-cinq août, j'ai offert cinquante lits pour les
« blessés ; les médicaments nécessaires et le personnel de la maison avaient été
« mis à la disposition du comité de secours. Au surplus, pour faire une réquisition,

« il n'est pas nécessaire de recourir à une expulsion, encore moins à une expro-
« priation.

« Ces faits étant signalés, vous pourrez apprécier, monsieur le préfet, les arrêtés « de la municipalité de Caluire. Toutes les mesures ordonnées sont non-seulement « illégales, mais aussi contraires à l'intérêt public, puisque l'ambulance offerte par « nous a été détruite.

« La nomination, faite par monsieur le maire, d'un directeur provisoire de la « maison, qui s'y est immédiatement installé avec sa femme, et la soustraction déjà « consommée d'une partie notable des provisions et du mobilier, font suffisamment « connaître le but poursuivi par l'instigateur de ces violences.

« En protestant, suivant les formes légales, j'ai voulu réserver tous mes droits. « Je me borne donc aujourd'hui, monsieur le préfet, à demander votre appui pour « réintégrer le domicile dont j'ai été arbitrairement expulsé.

« Daignez agréer, etc.

« Le directeur de l'établissement des Frères des Ecoles chrétiennes de Caluire, « en ce moment montée Saint-Barthélemy, Frère Paulin-Marie. »

Cette lettre demeure sans réponse.

Le quatorze octobre, par exploit de l'huissier Borgat, de Lyon, les sieurs Dugave et Bransiet font signifier au maire Vassel et aux vingt-deux autres conseillers municipaux de Caluire un acte de protestation contre l'expulsion des Frères, la mise sous scellés, l'inventaire et le détournement de leurs biens, et contre la vente annoncée.

Le même jour, quatorze octobre, les sieurs Dugave et Bransiet font dresser, par l'huissier Borgat, dans leur propriété à Caluire, un procès-verbal destiné à constater la nature et l'importance des détournements déjà consommés. Ce procès-verbal est fait en présence du sieur Denis-Brack, se disant nommé par le maire Vassel, aux fonctions de directeur provisoire de l'établissement.

Encore le même jour, quatorze octobre, par exploit de l'huissier Borgat, les sieurs Dugave et Bransiet font signifier aux commissaires-priseurs de Lyon une protestation contre la vente indiquée par le maire Vassel, dans les affiches du dix du même mois, et les citent en référé devant monsieur le président du tribunal civil de Lyon, aux fins d'ouïr dire qu'il leur sera fait défense de procéder à ladite vente.

Le quinze octobre, le conseil municipal de Caluire prend une délibération par laquelle il prend les décisions suivantes : 1° la vente des provisions, etc., qui devait avoir lieu aujourd'hui même, dans l'ancien établissement des Frères, est ajournée ; 2° Les capitaines Billecart et Simon sont désignés comme directeurs-adjoints spécialement préposés à la garde des objets qui étaient en vente.

Le seize octobre, dans une séance du conseil municipal, les sieurs Brunier et Simon-Rivière se plaignent de ce que le procès-verbal de la séance du neuf octobre précédent ne contient pas leurs protestations au sujet de la vente des provisions, qui devait avoir lieu dans l'ancien établissement des Frères, et protestent de nouveau contre les mesures qui tendraient à engager la responsabilité de la commune.

Le dix-neuf octobre, par exploit de l'huissier Borgat, de Lyon, les sieurs Dugave et Bransiet font assigner en référé le maire de Caluire devant le président du tribunal civil de Lyon, aux fins d'ouïr dire notamment qu'il lui est fait défense de procéder à la vente des objets leur appartenant.

Le même jour, dix-neuf octobre, à six heures et demie du soir, en vertu d'un ordre du maire de Caluire, le poste de la garde nationale à l'établissement des Frères, commandé par le capitaine Billecart, est levé, et remise en est faite aux francs-tireurs des Vosges.

Le vingt-deux octobre, monsieur le président du tribunal civil de Lyon rend une ordonnance de référé, contradictoire à l'égard des commissaires-priseurs de Lyon, et, par défaut, à l'égard du maire de Caluire, par laquelle il décide qu'il est interdit au maire de Caluire de faire procéder à la vente dont s'agit ; que défenses sont faites aux commissaires-priseurs et à tous autres officiers ministériels d'y prêter leur ministère.

Le vingt-six octobre, par exploit de l'huissier Borgat, et en vertu des dispositions de l'article 22 de la loi du cinq mai mil huit cent cinquante-cinq, les sieurs Dugave et Bransiet font sommation au maire de Caluire de leur donner communication et de leur laisser prendre copie, soit des délibérations du conseil municipal ayant trait à leur propriété, soit de l'inventaire dressé par le commissaire-priseur Guelle. Cet acte est signifié dans les bureaux de la mairie, à l'adjoint Pierrot, lequel déclare qu'il n'a aucune réponse à faire.

Le vingt-huit octobre, le préfet du Rhône, Challemel-Lacour, prend un arrêté par lequel il autorise le maire de Caluire à procéder à la vente des divers objets mobiliers se trouvant actuellement dans l'établissement des Frères. Une expédition de cet arrêté a été enregistrée à Lyon, le vingt-six juin mil cent soixante-douze, folio 144, case 5, par le receveur Baudot.

Le lendemain, vingt-neuf octobre, il est apposé les affiches dont suit la teneur :

« République française.

« Département du Rhône.

« Commune de Caluire et Cuire.

« Vente aux enchères publiques.

« Le dimanche trente octobre, et jours suivants, il sera procédé, par le ministère « d'un commissaire-priseur, à la vente de grains, farines, vins, bestiaux, etc..

« Cette vente a lieu dans l'établissement des Frères, à Caluire, sur l'ordre du « préfet du Rhône, commissaire extraordinaire de la République.

« Caluire, le vingt-neuf octobre mil huit cent soixante-dix.

« Le maire provisoire, A. Vassel.

« Lyon, imprimerie de veuve Lépagnez et fils. »

Un exemplaire de ces placards a été enregistré à Lyon, le onze novembre mil huit cent soixante-onze, folio 93, recto, case 4, par le receveur Baudot.

Le trente octobre, et les jours suivants, la vente indiquée a lieu sans l'assistance de commissaires-priseurs.

A la date du dix-neuf décembre mil huit cent soixante-dix, monsieur Gomot, secrétaire-général, écrit au sieur Vassel :

« Lyon, le 17 Décembre 1870.

« Monsieur le maire,

» Vous m'avez demandé l'autorisation de verser dans la caisse du comité démo- « cratique des citoyennes lyonnaises, sous le patronage de la Loge de la Croix- « Rousse, une somme de quatre mille francs, provenant de l'ancienne maison des « Frères de Caluire, comme aussi de faire remettre aux pauvres de la commune, une « somme de deux cent quatre-vingt-trois francs soixante-quinze centimes.

« J'ai l'honneur de vous informer que je ne vois aucun inconvénient à ce que vous « donniez à cet argent la destination que vous proposez.

« Recevez, monsieur le maire, l'assurance de ma considération très-distinguée.

« Pour le préfet du Rhône, commissaire extraordinaire de la République, le secré- « taire-général, signé, Gomot. »

Le quatre novembre mil huit cent soixante-dix, par exploit de l'huissier Borgat, de Lyon, les sieurs Dugave et Bransiet font signifier l'ordonnance de référé du vingt-deux octobre précédent, aux commissaires-priseurs de Lyon, et à la commune de Caluire. Sur le refus de l'adjoint Pierrot, de recevoir la copie destinée à la commune et de viser l'original, l'huissier remet cette copie au procureur de la République, qui donne le visa exigé par la loi.

Le trente novembre, par exploit de l'huissier Borgat, de Lyon, les sieurs Dugave et Bransiet citent monsieur Guelle, commissaire-priseur, devant monsieur le président du tribunal civil de Lyon, en l'audience des référés, aux fins d'ouïr dire qu'il leur sera fait remise de l'inventaire dressé par lui, dans leur propriété, sur la réquisition du maire de Caluire, ou au moins d'une copie certifiée dudit inventaire.

Le six décembre mil huit cent soixante-dix, M. le Président du tribunal civil de Lyon rend une ordonnance contradictoire avec monsieur Guelle, par laquelle il décide que ledit inventaire sera déposé dans les minutes de maître Boffard, notaire à Lyon.

Cette ordonnance est signifiée à monsieur Guelle, le quinze décembre, par exploit de l'huissier Borgat. Le même jour, monsieur Guelle effectue chez maître Boffard le dépôt de l'inventaire.

Le quinze décembre, le préfet du Rhône, Challemel-Lacour, prend un arrêté par lequel il autorise le sieur Vassel, maire de Caluire, à prendre toutes les mesures qu'il jugera convenables pour gérer l'ex-propriété des Frères, à affermer les terrains en dépendant, à pourvoir, s'il y a lieu, au remplacement du directeur actuel, et à choisir les employés nécessaires à l'exploitation. L'expédition de cet arrêté, signée Challemel-Lacour, et existant dans les bureaux de la mairie de Caluire, porte en marge les mentions suivantes : « Le service de la caserne, surtout celui de la lingerie, souffre par suite de la mise des scellés sur cette pièce. Ordre, s'il vous plaît, de permettre la remise des draps aux officiers et aux malades.

« Autorisé, Signé, Gomot. »

Cette expédition porte *in fine* la mention suivante : « Le préfet du Rhône autorise le maire de Caluire à faire procéder, de concert avec le commissaire judiciaire, à la levée des scellés apposés sur la lingerie. Lyon, le vingt-neuf décembre mil huit cent soixante-dix. Pour le préfet, signé, Gomot, » (et le sceau du cabinet du préfet). Une expédition de cet arrêté a été enregistrée à Lyon, le vingt-six juin mil huit cent soixante-douze, folio 144, case 5, par le receveur Baudot.

Le vingt décembre, le sieur Vassel, maire de Caluire, prend un arrêté par lequel il nomme Benoît Rivière, directeur de l'établissement des Frères, en remplacement de Denis-Brack. Cet arrêté est approuvé le trente décembre, par le préfet du Rhône, Challemel-Lacour.

Le dix-sept mars mil huit cent soixante-onze, le préfet du Rhône, Valentin, écrit au maire de Caluire, Vassel, pour lui annoncer qu'une dépêche du ministre de la guerre, reçue le neuf du même mois, prescrit la remise de l'établissement de Caluire à ses propriétaires, les Frères des Ecoles chrétiennes, et l'invite à faciliter l'exécution de cette décision, en ce qui le concerne. Une expédition de cette lettre a été enregistrée à Lyon, le vingt-six juin mil huit cent soixante-douze, folio 144, case 5, par le receveur Baudot.

Ensuite de deux assignations données à la requête des sieurs Dugave et Bransiet, par l'huissier Borgat, le quinze et le vingt-cinq mars mil huit cent soixante-onze, monsieur le président du tribunal civil de Lyon rend, le vingt-huit du même mois, une ordonnance de référé contradictoire avec le département du Rhône et l'Etat français, et, par défaut, à l'égard de la commune de Caluire. Cette ordonnance autorise les demandeurs à se remettre en possession de leur propriété, et nomme monsieur Bissuel expert, à l'effet de visiter cette propriété et d'indiquer les dommages de toute nature soufferts par les propriétaires. Monsieur Bissuel a prêté, à l'audience dudit jour, vingt-huit mars, le serment prescrit par la loi, et a fixé au dix-neuf avril suivant, à onze heures du matin, sur les lieux, le commencement de ses opérations.

Le douze avril mil huit cent soixante-onze, par exploit de l'huissier Borgat, les sieurs Dugave et Bransiet font signifier l'ordonnance de référé du vingt-huit mars précédent, à la commune de Caluire, au département du Rhône et à l'Etat français, avec sommation d'assister au commencement des opérations de l'expert. Sur le refus de l'adjoint Pierrot, de recevoir la copie destinée à la commune et de viser l'original, l'huissier remet cette copie au procureur de la République qui donne le visa exigé par la loi.

Le dix-neuf avril, l'expert Bissuel commence les opérations qui lui ont été confiées par l'ordonnance du vingt-huit mars précédent. Son rapport est clos le quinze septembre mil huit cent soixante-onze, et déposé au greffe du tribunal civil de Lyon, le dix-neuf du même mois.

Le dix-neuf avril mil huit cent soixante-onze, l'huissier Borgat se présente à l'établissement de Caluire pour le remettre aux sieurs Dugave et Bransiet, en exécution de l'ordonnance de référé du vingt-huit mars précédent. Il y trouve le sieur Benoît Rivière, se disant directeur dudit établissement, lequel lui explique qu'il ne s'oppose pas à ce que lesdits sieurs Dugave et Bransiet reprennent immédiatement possession des bâtiments, mais qu'en ce qui concerne les terrains adjacents, il en a passé bail à divers cultivateurs. L'huissier Borgat dresse procès-verbal de ces diverses constatations.

Ensuite de deux exploits des huissiers Borgat, de Lyon, et Calicia, de Trévoux, en date du vingt-deux avril, monsieur le président du tribunal civil de Lyon rend, le vingt-cinq du même mois, une ordonnance de référé par laquelle il autorise les sieurs Dugave et Bransiet à expulser les onze individus se prétendant locataires ou fermiers des terrains dépendant de leur immeuble. Cette ordonnance est signifiée le quatre mai mil huit cent soixante-onze, par exploit de l'huissier Borgat, de Lyon.

Les fermiers ou locataires sont expulsés le huit du même mois, ainsi qu'il résulte d'un procès-verbal dressé ledit jour par l'huissier Borgat.

Le cinq mai mil huit cent soixante-onze, les sieurs Dugave et Bransiet font au secrétariat de la préfecture du Rhône le dépôt du mémoire exigé par la loi pour pouvoir ultérieurement actionner en justice la commune de Caluire, le département du Rhône et l'Etat français.

Le dix-huit octobre mil huit cent soixante-onze, par exploit de l'huissier Borgat, les sieurs Dugave et Bransiet font sommation au sieur Vassel, maire de Caluire, de leur représenter l'original de la délibération prise par le conseil municipal de Caluire, le vingt-sept septembre mil huit cent soixante-dix, afin de reconnaître les signatures des membres ayant pris part à cette délibération.

Le sieur Vassel satisfait à cette sommation.

Le vingt-quatre novembre mil huit cent soixante-onze, un arrêté du conseil de préfecture du Rhône autorise la commune de Caluire à défendre à l'action que les sieurs Dugave et Bransiet se proposent de lui intenter.

Le douze et le quatorze décembre mil huit cent soixante-onze, par exploits des huissiers Belguise, de Paris, et Borgat, de Lyon, les sieurs Dugave et Bransiet font assigner devant le Tribunal civil de Lyon, le sieur Challemel-Lacour, la commune de Caluire, le département du Rhône, l'Etat français, les sieurs Vassel, Razuret, Pierrot, Benoît Rivière aîné, Jean-Marie-Simon Rivière, Faure, Chatelet, Truchet, Chaboud, Ducotté, Bertrand, Brunier, Bouvet, Montfalcon, Colomb, Combe et Crassard, aux fins d'ouïr dire qu'ils seront condamnés solidairement à payer aux demandeurs, à titre de provision : 1° la somme de cent quatre mille neuf cent trente-quatre francs cinquante-cinq centimes, pour les causes énoncées dans le rapport de l'expert Bissuel ; 2° les intérêts de droit de ladite somme ; 3° et les dépens de l'instance ; sous réserves de prendre ultérieurement telles autres et plus amples conclusions qu'il appartiendra.

Par acte du palais, du ministère de l'huissier Alex, en date du dix-neuf décembre, maître Balloffet se constitue pour le sieur Vassel, maire de Caluire, tant en son nom personnel qu'en sa qualité de maire de la commune de Caluire.

Par acte du Palais, du ministère de l'huissier Charrière, en date du trois janvier mil huit cent soixante-douze, maître Ruby se constitue pour l'Etat français et le département du Rhône.

La cause est mise au rôle ordinaire, sous le numéro quinze, et distribuée à la première chambre.

Le six janvier mil huit cent soixante-douze, la première Chambre du Tribunal rend un jugement par lequel elle ordonne la réassignation des sieurs Challemel-Lacour, Razuret, Pierrot, Benoît Rivière aîné, Jean-Marie-Simon Rivière, Faure, Chatelet, Truchet, Chaboud, Ducotté, Bertrand, Brunier, Bouvet, Montfalcon, Colomb, Combe et Crassard, qui n'ont pas constitué d'avoué.

Le 24 janvier, la réassignation du sieur Challemel-Lacour est faite par exploit de Belguise, huissier à Paris, commis à cet effet.

Le vingt-quatre et le vingt-cinq janvier, la réassignation des autres défaillants est effectuée par exploit de l'huissier Alex, de Lyon, commis à cet effet.

Par acte du Palais, du ministère de l'huissier Sarra-Gallet, de Lyon, en date du trente-un janvier, maître Balloffet se constitue pour les sieurs Crassard, Pierrot, Rivière aîné, Rivière jeune, Ducotté, Razuret, Chaboud, Bertrand, Colomb, Bouvet, Combe, Brunier et Montfalcon.

Par acte du Palais, du ministère de l'huissier Borgat, de Lyon, en date du quatorze février mil huit cent soixante-douze, maître Deville se constitue pour le sieur Challemel-Lacour.

Par acte du Palais, du ministère de l'huissier Marillier, de Lyon, en date du vingt-neuf février, maitre Larrivé se constitue pour le sieur Vassel, en son nom personnel, aux lieu et place de maître Balloffet, qui est révoqué.

Par acte du Palais, du ministère de l'huissier Pingeon, de Lyon, en date du deux mars mil huit cent soixante-douze, maître Pignaud déclare intervenir dans l'instance au nom des sieurs Morand, Joannon, Laroque et autres habitants de Caluire, au nombre de quatre-vingt-treize.

Par acte du Palais, du ministère de l'huissier Pingeon, de Lyon, en date du cinq mars mil huit cent soixante-douze, maître Balloffet déclare qu'il cesse d'occuper pour le sieur Vassel en son nom personnel, et qu'attendu l'opposition d'intérêts entre ledit Vassel et la commune de Caluire, il reprend l'instance au nom de ladite commune, représentée par le sieur Millet, adjoint.

Par acte du Palais, du ministère de l'huissier Pingeon, en date du cinq mars, maître Micolier se constitue pour les sieurs Simon-Rivière et Brunier, aux lieu et place de maître Balloffet, qui est révoqué.

Par acte du Palais, du ministère de l'huissier Pingeon, de Lyon, en date du cinq mars, maître Larrivé se constitue pour les sieurs Razuret, Pierrot, Benoît Rivière, Faure, Chatelet, Truchet, Chaboud, Ducotté, Bertrand, Bouvet, Montfalcon, Colomb, Combe et Crassard, aux lieu et place de maître Balloffet, qui est révoqué.

La cause appelée subit de nombreux renvois. Les conclusions sont respectivement déposées le treize mars.

Par acte du Palais, du ministère des huissiers Werney et Durand, en date des vingt-deux mars et quatorze mai mil huit cent soixante-douze, maître Ruby fait notifier au nom du département du Rhône et de l'Etat français les conclusions ci-dessus transcrites.

Dans le cours de l'instance et par autre acte du Palais, en date du dix-sept mai mil huit cent soixante-douze, maître Ruby a fait notifier au procès des conclusions additionnelles tendant à ce qu'il plaise au Tribunal :

En ce qui touche l'Etat et le département, donner acte à ces derniers de la déclaration faite par messieurs Dugave et Bransiet du désistement de leur demande, les condamner, en conséquence, aux dépens.

En ce qui touche les demandes en garantie formées par la commune de Caluire, monsieur Challemel-Lacour et tous autres demandeurs en garantie, par les motifs énoncés dans les précédentes conclusions, se déclarer incompétent et renvoyer la cause et les parties devant les juges qui doivent en connaître ; sous réserves.

Par acte du Palais, du ministère de l'huissier Fonbonne, de Lyon, en date du douze avril mil huit cent soixante-douze, maître Micolier fait notifier, au nom des sieurs Simon Rivière et Brunier, les conclusions ci-dessus transcrites.

Par acte du Palais, du ministère de l'huissier Fonbonne, de Lyon, en date du dix-neuf avril, maître Deville fait notifier, au nom du sieur Challemel-Lacour, les conclusions ci-dessus transcrites.

Par acte du Palais, du ministère de l'huissier Durand, en date du treize mai, maître Balloffet a fait notifier des conclusions au nom de la commune de Caluire.

La cause a subi de nombreux renvois. En l'audience du quinze mai mil huit cent soixante-douze, les avoués des parties ont déposé les conclusions ci-dessus transcrites, et le Tribunal a entendu la plaidoirie de maître Brac de la Perrière, avocat des demandeurs.

En l'audience du seize mai, le Tribunal a entendu les plaidoiries : 1° de maître Thévenet, avocat de la commune de Caluire ; 2° de maître Guillot, avocat de Vassel et autres, ayant maître Larrivé pour avoué ; 3° de maître Tavernier, avocat de Simon

Rivière et de Brunier ; 4° de maître Genton, avocat des quatre-vingt-treize intervenants, représentés par maître Pignaud ; 5° de maître Laurier, du barreau de Paris, avocat du sieur Challemel-Lacour ; 6° de maître Dubost, avocat du département du Rhône et de l'Etat français.

Par acte du Palais, du ministère de l'huissier Alex, de Lyon, en date du seize mai mil huit cent soixante-douze, maître Ruby a fait notifier, au nom du département du Rhône et de l'Etat français, des conclusions tendant à ce qu'il plaise au Tribunal leur donner acte de la déclaration que maître Ruby prétend avoir été faite par les sieurs Dugave et Bransiet du désistement de leur demande contre l'Etat et le département.

Par acte du Palais, du ministère de l'huissier Charrière, de Lyon, en date du quatre juin mil huit cent soixante-douze, maître Anglès, avoué des sieurs Dugave et Bransiet répond à maître Ruby que lesdits sieurs Dugave et Bransiet ne se sont jamais désistés de leur demande contre l'Etat français et le département du Rhône ; qu'il n'y a donc pas lieu de donner aux parties de maître Ruby acte d'un désistement qui n'a jamais existé.

En l'audience du cinq juin mil huit cent soixante-douze, monsieur Clapier, substitut du procureur de la République, a présenté un déclinatoire à lui adressé par le préfet du Rhône, en conformité de l'ordonnance du premier juin mil huit cent vingt-huit, et a donné ses conclusions.

La cause, mise en délibéré, a été renvoyée à l'audience du dix-neuf juin mil huit cent soixante-douze, en laquelle le Tribunal a rendu son jugement.

DROIT

I. Doit-on accueillir la demande des sieurs Dugave et Bransiet :

1° Contre la commune ou les habitants de Caluire?

2° Contre Vassel et les seize autres conseillers municipaux signataires des délibérations du vingt-sept et du vingt-huit septembre mil huit cent soixante-dix ?

3° Contre Challemel-Lacour ?

4° Contre le département du Rhône?

5° Contre l'Etat français ?

II. La commune de Caluire a-t-elle un recours :

1° Contre Vassel et les seize autres conseillers municipaux ?

2° Contre Challemel-Lacour ?

3° Contre le département du Rhône?

4° Contre l'Etat français?

III. Les sieurs Vassel, Razuret, Pierrot, Benoît Rivière, Faure, Chatelet, Truchet, Chaboud, Ducotté, Bertrand, Bouvet, Montfalcon, Colomb, Combe et Crassard ont-ils un recours :

1° Contre la commune de Caluire?

2° Contre Challemel-Lacour?

3° Contre le département du Rhône?

4° Contre l'Etat français?

IV. Les sieurs Simon Rivière et Brunier ont-ils un recours :

1° Contre la commune de Caluire?

2° Contre Challemel-Lacour?

3° Contre le département du Rhône?

4° Contre l'Etat français?

V. L'intervention des sieurs Morand, Laroque et des quatre-vingt-onze autres habitants de Caluire est-elle recevable? Les intervenants ont-ils un recours :

1° Contre Vassel et les seize autres conseillers municipaux?

2° Contre Challemel-Lacour?

3° Contre le département du Rhône?

4° Contre l'Etat Français?

VI. Challemel-Lacour a-t-il un recours contre l'Etat français?

VII. L'exception d'incompétence opposée par l'Etat français doit-elle être accueillie?

VIII. Quel sera le sort des dépens?

JUGEMENT

Attendu, en fait, qu'il ressort de l'ensemble des documents produits, que le vingt-sept septembre mil huit cent soixante-dix, les membres du Conseil municipal de Caluire, réunis au nombre de dix-sept, ordonnèrent, par une délibération *unanime*, « le « départ pour leurs foyers respectifs de tous les Novices et Frères résidant dans l'éta- « blissement des « Frères Ignorantins » ;

Que le vingt-huit, rappelant la délibération de la veille, le Conseil, *toujours unanime*, décida que le jour même, « à midi précis, l'ordre serait signifié aux Frères, par « les trois adjoints, accompagnés d'un piquet de gardes nationaux, qui devra s'y éta- « blir à leurs frais, jusqu'à complète évacuation » ;

Qu'au bas de l'original de ces délibérations, signées des dix-sept conseillers, on lit : « vu et approuvé, le Préfet du Rhône, Challemel-Lacour..... » ;

Qu'en exécution de ces délibérations, le vingt-huit, à midi, les trois adjoints, accompagnés d'une troupe de gardes nationaux armés et d'autres individus, au nombre de plus de trente (en tout), envahirent la maison des Frères, s'y établirent malgré leurs réclamations et leurs protestations, leur faisant défense de sortir des bâtiments, exigeant à boire et à manger ;

Que le premier octobre, ordre fut donné par l'état-major de la garde nationale de Lyon d'expulser « les Frères Ignorantins, suivant les ordres du Préfet du Rhône... », mais que la coopération de la troupe étrangère à la commune fut jugée inutile ;

Que le deux, sur la menace de Vassel de faire venir trois cents hommes de la Croix-Rousse, les quatre-vingt-dix-huit Novices partirent *volontairement* (Lettre de Vassel du six octobre) ;

Que le trois octobre, le Conseil municipal déclarait « les maisons des Frères des « Ecoles de Caluire « *propriétés communales,* » ajoutant, il est vrai, que « les vieil- « lards ou infirmes resteraient dans la maison jusqu'à ce qu'on leur eût trouvé un « asile convenable ; »

Qu'il prescrivit un inventaire par les trois adjoints ;

Que la tolérance fut courte, car, le six octobre, « le maire (Vassel), vu la protesta- « tion accompagnée de paroles menaçantes du Frère directeur... contre l'inventaire.., « demanda au Préfet *l'autorisation formel* (*sic*) de procéder immédiatement à l'ex- « pulsion de ces messieurs, et l'ordre de conduire les dix on douze *vieillard* (*sic*) « qui s'y trouvent, soit à la Charité, soit aux *Anticaille* (*sic*), aux frais de la commune » (Lettre originale de Vassel);

Que l'autorisation fut aussitôt donnée par le sieur Challemel-Lacour ;

Que le huit, quarante religieux valides furent expulsés sans avoir un asile assuré ;

Qu'on tranféra dans les hôpitaux de Lyon, sans qu'aucun avis de les recevoir eût été donné, tous les vieillards, sauf un aliéné qui s'échappa, et un mourant de soixante-dix-neuf ans qu'on arracha de son lit, et qu'on permit à l'aumônier de recueillir dans sa maison, où il mourut trois jours après ;

Que le jour même, le maire installa Denis Brack dans l'établissement, avec le titre de directeur, aux gages de deux cent cinquante francs par mois ;

Que le neuf, le conseil municipal, informé par le maire de l'expulsion de tous les Frères de leur ancien établissement, « aujourd'hui propriété communale », et « dont il « a pris possession définitive, » ordonna la vente des provisions et l'affectation du prix, « prélèvement fait des dépenses faites ou à faire, soit pour l'expulsion des Frères, soit « pour la garde de la propriété, aux œuvres de bienfaisance », à déterminer ultérieurement ;

Que le dix, une affiche, signée Vassel, annonçait la vente « de provisions de bouche, « récoltes sur pied, bêtes à cornes, fourrage, vin, etc., trouvés dans l'ancien éta- « blissement des Frères, aujourd'hui propriété communale »;

Que, différée par suite d'une ordonnance de référé du vingt-deux octobre, qui l'interdisait, la vente fut de nouveau ordonnée le vingt-huit octobre, malgré les protestations des Frères, laissées sans réponse, par un arrêté du préfet qui, changeant la destination du produit futur, l'affecta « aux dépenses de la défense nationale » ;

Que cette vente eut lieu du trente octobre au trente novembre, sans assistance d'aucun officier public, et le produit paraît avoir été employé en partie à l'équipement des garibaldiens, par l'intermédiaire du comité démocratique des citoyennes lyonnaises ;

Que, le quinze décembre, un nouvel arrêté du sieur Challemel-Lacour autorisa Vassel à gérer « l'ex-propriété des Frères... », à en affermer les terres... pour les fonds... « être appliqués aux dépenses de la défense nationale » ;

Que le dix-neuf octobre, la garde nationale de Caluire avait remis le poste aux francs-tireurs des Vosges ;

Que, depuis cette époque, un très-grand nombre d'hommes appartenant à des corps francs ou à des corps réguliers de soldats ou de gardes mobiles, ont successivement occupé la maison de Caluire dont, malgré une lettre de M. Valentin, préfet du Rhône, en date du dix-sept mars mil huit cent soixante-onze, ordonnant à Vassel de remettre, en ce qui le concernait, l'établissement entre les mains de ses propriétaires, ceux-ci n'ont pu rentrer en possession de leur maison que sur une ordonnance de référé du vingt-huit mars ; en possession de leurs champs, affermés aux gens de la commune, que sur une nouvelle ordonnance du vingt-cinq avril ;

Attendu que dans cet intervalle du vingt-huit septembre mil huit cent soixante-dix au vingt-huit mars mil huit cent soixante-onze, et malgré la remise du poste aux francs-tireurs des Vosges, le dix-neuf octobre, la maison n'a pas cessé d'être au pouvoir de la commune de Caluire, occupée d'abord par des rassemblements de gardes nationaux jusqu'au dix-neuf octobre, et, en outre, après la complète expulsion des Frères, à partir du huit octobre, par les préposés Denis Brack et son successeur Benoît Rivière, qui touchait encore, le vingt février mil huit cent soixante-onze, son salaire de deux cent cinquante francs par mois ;

Que, dès le vingt-huit septembre, la délivrance journalière d'une grand quantité de provisions a été exigée ;

Que, surtout, du huit au dix-neuf octobre, un grande nombre d'objets mobiliers ont été soustraits par les habitants de la commune de Caluire ;

Des animaux et des denrées vendus par Denis Brack, sans contrôle et sans publicité ;

Des destructions de clôtures, des dégradations de toute sorte opérées ;

Que Vassel, dans la commission donnée à Benoît Rivière, le vingt décembre, écrit ces lignes :

« Le directeur démissionnaire (Denis Brack) *devra* déclarer que beaucoup d'objets « ont *disparus* (*sic*) pendant sa gestion, tels que couvertures, linges *emporté* (*sic*) par « les *gueriller* (*sic*) francs-tireurs et les mobiles ; que des tables, bancs et autres « objets *moblier* (*sic*) ont été brûlés pendant les grands froids » ;

Que, sans doute, des faits délictueux sont imputables aux corps réguliers et irréguliers qui ont été logés dans la maison ; mais que les plus graves sont antérieurs à l'arrivée de ces corps ;

Que tels sont, en résumé, les circonstances dans lesquelles les sieurs Dugave et Bransiet, se fondant sur des motifs juridiques divers, exercent une action principale en réparation du préjudice par eux souffert, simultanément pour le tout ou pour partie :

1° Contre la commune ou les habitants de Caluire ;

2° Contre Vassel et les seize autres conseillers municipaux signataires des délibérations des vingt-sept et vingt-huit septembre mil huit cent soixante-dix ;

3° Contre le sieur Challemel-Lacour, personnellement ;

4° Une action subsidiaire contre le département du Rhône et contre l'Etat (à l'égard duquel ils semblent, en dernier lieu, se borner à des réserves) ;

Que, d'un autre côté, des recours subsidiaires sont exercés, savoir :

Contre la commune de Caluire :

Par le sieur Vassel et les seize autres signataires des délibérations précitées, dont deux, Simon Rivière et Brunier, formulent des conclusions séparées, prétendant être dans une situation différente ;

Contre Vassel et les seize cosignataires :

Par la commune de Caluire et par quatre-vingt-treize habitants intervenants, qui soutiennent être absolument étrangers aux délits ;

Contre le sieur Challemel-Lacour, personnellement :

Par la commune, les quatre-vingt-treize intervenants, Brunier et Simon Rivière ;

Par Vassel lui-même et les autres quatorze signataires ;

Contre le département du Rhône :

Par tous les défendeurs et intervenants, sauf le sieur Challemel-Lacour,

Et, enfin, par toutes les parties au procès, contre l'Etat, qui leur oppose, à toutes, une exception d'incompétence, qu'appuie un déclinatoire présenté par M. le Préfet, aux termes de l'article 6 de l'ordonnance du premier juin mil huit cent vingt-huit ;

D'où il suit qu'en ce qui touche l'Etat, le jugement devra porter exclusivement sur la compétence.

En ce qui touche l'action des demandeurs contre la commune de Caluire ou la collection de ses habitants :

Attendu que le fondement juridique de cette action ne saurait être dans les principes généraux posés par les articles 1382, 1383 et 1384 du code civil ;

Que si, aux termes de ce dernier article, les maîtres et les commettants répondent des fautes de leurs domestiques et préposés, dans les fonctions auxquelles ils les emploient, c'est uniquement à cause de l'autorité qu'ils ont et de la surveillance qu'ils doivent exercer sur eux ;

Que, direction et responsabilité sont, en droit commun, deux termes essentiellement corrélatifs ; de sorte que cette responsabilité ne pèse que sur le commettant ayant autorité et droit de commander à un préposé, qui se trouve, à son égard, dans un rapport de dépendance ;

Attendu que, même sous le régime du suffrage universel, il n'est pas vrai que les conseillers municipaux soient sous la dépendance des électeurs, et que ceux-ci aient sur leurs élus un pouvoir quelconque de direction ;

Que les électeurs, en désignant ceux à qui il leur plaît de confier le gouvernement des choses municipales, délèguent, quant à ce, pour la période fixée par la loi, leur autorité tout entière ;

Qu'ils n'en retiennent rien qui leur permette d'influer sur les délibérations des conseillers municipaux, de révoquer ceux qui méconnaîtraient les intentions qui présidèrent à leur choix ;

D'où la conséquence certaine que l'article 1384 du code civil est inapplicable à l'espèce ;

Attendu que l'action ne se justifie pas davantage par les principes du mandat ;

Que, sans doute, les conseillers municipaux doivent, à certains égards, être réputés les mandataires de tous les habitants de la commune, non-seulement des citoyens qui par leur vote ou leur abstention ont favorisé la nomination, mais encore de ceux qui l'ont combattue, et même des habitants que leur âge ou diverses incapacités ont empêché de participer à l'élection ;

Qu'ils engagent, par leurs actes, la responsabilité de tous, mais uniquement dans les limites du mandat ;

Que les mandants ne sont jamais tenus de ce qui a été fait au-delà ou en dehors, qu'autant qu'ils l'ont ratifié expressément ou tacitement ;

Que telle est la base essentielle de la théorie du mandat, écrite notamment dans les articles 1989 et 1998 du code civil ;

Attendu que le cercle du mandat donné à un conseil municipal est tracé par les lois, et en particulier par les lois d'organisation et d'attributions municipales ;

Que c'est à l'exercice de ces attributions que les citoyens sont d'autant mieux présumés avoir borné leur mandat, qu'il ne dépendait point d'eux de l'agrandir ;

Qu'il serait contraire à toutes les notions de droit et d'équité d'étendre la responsabilité de la commune aux engagements quelconques, aux quasi-délits, aux délits mêmes, par cela seul qu'ils auraient été décidés et voulus par la majorité du conseil municipal ;

Que pour engager, même indirectement, les habitants de la commune, il ne suffit pas à des conseillers municipaux de prendre, en se parant de leur titre, des délibérations plus ou moins irrégulières en la forme, sur des objets étrangers à leurs attributions ;

Que le conseil municipal qui, transformant le mandat d'administration des affaires communales en une sorte de dictature, *décrète* un attentat contre les personnes ou une confiscation, ne représente, à aucun degré, les électeurs qui l'ont choisi, et n'engage pas plus leur responsabilité que n'engagerait celle d'un particulier, le mandataire qui donnerait la maison qu'il était chargé de vendre, ou qui, chargé de procéder à un partage, détournerait, sous prétexte de l'intérêt de son mandant, des valeurs héréditaires, ou plus encore, supprimerait le cohéritier ;

Qu'assurément le particulier ou l'électeur doivent regretter d'avoir investi d'une confiance, même limitée, des hommes qui la méritaient si peu ; mais que ce genre de tort ne saurait engendrer contre eux d'action, au profit des tiers, en dehors des rapports d'autorité, d'une part, de subordination, de l'autre, sans lesquelles il n'y a ni commettants ni préposés ;

Que le principe qu'une commune ne peut pas, en général, être recherchée pour des délits commis par ses administrateurs, même dans la gestion de ses affaires, était consacré par la loi 15, § premier au D. *De dolo malo*, qui décide que les habitants d'une *commune, municipe*, ne sont responsables, collectivement, du dol de ses administrateurs, que si les résultats en ont tourné à leur profit, et jusqu'à concurrence seulement du profit qu'ils en ont tiré ;

Que la loi française a pris soin de déterminer, à titre d'exception, certains cas dans lesquels les délits commis par les administrateurs, ou quelques membres d'un corps, sont imputables à tous les membres du corps ;

Qu'il ressort de ce qui précède, que ce n'est pas plus sur la théorie du mandat que sur les principes généraux des articles 1382 et suivants du Code civil que les demandeurs peuvent fonder leur action contre la collection des habitants de la commune de Caluire ;

Mais attendu qu'ils invoquent, au contraire, avec toute raison, la loi spéciale du dix vendémiaire an IV ;

Que vainement la commune en repousse l'application ;

Attendu que si cette loi a été décrétée au plus fort des agitations révolutionnaires, son but principal, qui est d'assurer l'ordre, en y intéressant tous les citoyens, subsiste toujours ;

Qu'elle n'a fait que reproduire des principes de droit public professés par les meilleurs publicistes, et suivis par notre ancienne législation (Cour de cassation, dix-sept juin mil huit cent dix-sept) ;

Qu'elle n'a été abrogée par aucune loi postérieure, ni expressément, ni comme incompatible avec nos constitutions successives, ainsi que cela est reconnu par la jurisprudence invariable de la Cour suprême, les avis du Conseil d'Etat et un décret du vingt-deux janvier mil huit cent cinquante-deux, qui déclare cette loi de l'an IV exécutoire dans les colonies françaises ;

Qu'elle est, au contraire, en parfaite harmonie avec notre organisation municipale actuelle, et que, loin de la rendre inapplicable de plein droit, les grandes commotions politiques qui agitent le pays entier donnent un degré d'utilité de plus à ses dispositions éminemment protectrices de la sécurité publique et de la propriété privée (Cour de cassation, quatorze janvier mil huit cent cinquante-deux) ;

Attendu que la pensée fondamentale de la loi se trouve dans l'article unique du titre premier, portant : « Tous les citoyens habitant la même commune sont garants civi-« lement des attentats commis sur le territoire de la commune, soit envers les per-« sonnes, soit contre les propriétés ; »

Que le titre IV détermine, il est vrai, certaines conditions dans lesquelles la responsabilité n'est pas encourue ;

Mais que ces dispositions secondaires doivent être interprétées dans le sens du principe dont elles règlent l'application, sans qu'il soit permis d'introduire des distinctions qui restreindraient encore le principe même, et créeraient des cas non prévus d'inapplicabilité ;

Attendu que ce serait imaginer une restriction essentiellement contraire au texte et à l'esprit de la loi, de décider que la commune ne serait pas responsable, lorsque le rassemblement aurait été provoqué ou dirigé par l'autorité municipale ;

Que le fondement de la responsabilité étant le manquement à une sorte d'assurance mutuelle, imposée par le législateur entre les habitants d'une commune, dans le but de se protéger les uns par les autres, il est incontestable que l'inertie des citoyens suffit pour les constituer en faute, même en l'absence ou dans l'inaction des autorités ;

Que si, au lieu de favoriser l'attroupement par leur faiblesse, ou leur connivence secrète, les officiers municipaux, faisant un pas de plus, le provoquent et le dirigent, on ne voit nulle part, dans la loi de vendémiaire ni ailleurs, que les habitants soient dégagés de leur responsabilité collective ;

Que, surtout lorsque les habitants sont comme sous le régime actuel, entièrement maîtres dans le choix des corps municipaux, on ne concevrait pas qu'ils fussent d'autant moins responsables, qu'ils auraientfait de plus mauvais choix, et comment leur responsabilité cesserait par le défaut de fermeté ou de moralité des élus ;

Qu'une pareille distinction serait d'ailleurs en contradiction absolue avec les données historiques sur la situation qui provoqua la loi du 10 vendémiaire ;

Que c'était surtout contre la formidable puissance de la Commune de Paris et contre les séditions organisées et dirigées par ses chefs, que la Convention voulait se donner des armes en se créant des auxiliaires parmi les citoyens qu'elle intéressait à employer toute leur activité personnelle pour prévenir le mal et pour l'arrêter ;

Qu'il n'y a rien de plus moral et de plus utile au maintien des bases mêmes de toute société, que d'enjoindre aux citoyens non-seulement de désobéir à l'autorité municipale ou préfectorale, qui commanderait un délit envers les personnes ou contre les propriétés, mais encore d'en empêcher l'accomplissement par tous les moyens, et, s'ils manquent à ce devoir, de les en punir en les faisant contribuer à la réparation du préjudice, et aux conséquences pécuniaires du délit qu'ils ont laissé commettre ;

Que cette première objection de la commune doit être écartée ;

Attendu qu'il en est de même de celles relatives aux autres conditions spécifiées dans le titre IV de la loi de vendémiaire, que toutes ces conditions existent dans la cause ;

Que le mot *délit*, employé dans l'art. 1er du titre IV, doit être entendu dans son sens large et général ;

Que cette interprétation est commandée notamment : par la généralité des mots « *attentat envers les personnes ou contre les propriétés,* » dont se sert le titre 1er, par la nature des faits prévus aux articles 5, 9, 10, 12 du titre IV, et par l'article 4 du titre V, qui dit que « les dommages-intérêts seront fixés... au vu des procès-ver-« baux ou autres pièces constatant *les voies de fait, excès et délits* ;»

Qu'aussi la Cour suprême a toujour affirmé le principe de la responsabilité, sans distinction entre les attentats qui ont la dévastation, la destruction et la dégradation pour objet, et ceux qui ont un caractère précis d'extorsion et de vol (Cour de cassation, 13 avril 1842);

Qu'au surplus, dans l'espèce, presque tous les faits prérappelés constituent des délits caractérisés et qualifiés par le Code pénal, par exemple, la violation de domicile (article 184); les menaces verbales avec ordre ou sous condition (articles 307 et 308); la détention ou séquestration (article 341); l'extorsion et le vol (articles 381, 401), et diverses variétés de destruction, dégradation et dommage, punies par les articles 440, 442, 444, 446, etc ;

Attendu que l'article 1er du titre IV, aux termes duquel « chaque commune est res-« ponsable des délits commis à force ouverte, ou par violence sur son territoire par « des attroupements ou rassemblements armés ou non armés » est général dans ses termes et ne distingue pas entre les rassemblements, selon qu'ils sont, plus ou moins tumultueux ;

Qu'il les embrasse tous, quels que soient d'ailleurs le mode ou la cause de leur formation, qu'ils soient composés d'individus se ruant en désordre, ou, au contraire, d'individus marchant sous une discipline apparente, obéissant à la direction de tels ou tels chefs ;

Attendu que la loi de vendémiaire n'a pas défini ce qu'il fallait entendre par attroupements ou rassemblements, et quel nombre de personnes il fallait pour qu'une réunion prît ce caractère ;

Qu'à l'époque où cette loi fut émise, la loi 4, § 2, D. *De vi bonorum Rapt.*, était la seule qui eût défini le simple attroupement, en exigeant la présence de dix ou quinze hommes ;

Que, par conséquent, le législateur de vendémiaire est censé s'être référé à cette définition (Cour de cassation, vingt-sept avril mil huit cent treize);

Mais que, dût-on tenir compte aussi de la loi du trois août mil sept cent quatre-vingt-onze, qui répute attroupement séditieux tout rassemblement de plus de quinze personnes, et du Code pénal de mil sept cent quatre-vingt-onze, qui distingue les attroupements de plus de quinze personnes des réunions inférieures à ce nombre ; il est certain, au procès, que, les individus qui, sous la direction des officiers municipaux de

Caluire, ont envahi la maison des Frères, pour y exécuter les délibérations des vingt-sept et vingt-huit septembre étaient au nombre de plus de quinze ; que les rassemblements qui ont occupé la maison les jours suivants n'ont pas été moins nombreux ;

Qu'une telle réunion rentre dans les prévisions de la loi de vendémiaire ;

Attendu que, pour l'applicabilité de cette loi, il faut encore que les délits aient été commis « à force ouverte ou par violence; »

Que ces expressions ne peuvent être réputées faire double emploi ;

Que, dans la langue du droit, le mot *violence* n'a pas le sens restreint de violence physique ;

Que nos lois pénales ne l'ont défini nulle part ;

Mais que l'article 1112 du Code civil porte « qu'il y a violence, lorsqu'elle est de na-« ture à faire impression sur une personne raisonnable, et qu'elle peut lui inspirer « la crainte d'exposer sa personne ou sa fortune à un mal considérable et pré-« sent ; qu'on a égard, en cette matière, à l'âge, au sexe et à la condition des per-« sonnes» ;

Que ce serait introduire dans l'application de la loi du dix vendémiaire an IV des distinctions qui ne sont ni dans son texte, ni dans son esprit, d'exiger, comme condition nécessaire de la responsabilité des habitants de la commune, le fait d'une résistance qui aurait été opposée à la violence ; d'exiger par exemple, dans l'espèce, que les religieux, au lieu de se borner à de vives protestations, eussent engagé une lutte corporelle contre les individus qui envahissaient leur maison pour les en expulser, et qui, s'y établissant à leurs frais, se faisaient délivrer, avec une attitude plus ou moins menaçante, des vivres et des provisions ;

Qu'il est impossible d'admettre une restriction, dont la conséquence serait de laisser sans défense les propriétés qui, par la faiblesse ou l'impuissance de leurs maîtres, ou même par leur absence, appellent plus particulièrement la protection publique (Cour de cassation, deux mai mil huit cent quarante-deux) ;

Attendu que l'applicabilité de la loi de vendémiaire à la cause ainsi démontrée en principe, il faut préciser l'étendue de la responsabilité encourue par les habitants de Caluire ;

Attendu que la nature et la quotité des restitutions, réparations et dommages-intérêts, dus en vertu de cette loi, sont fixés par les articles 1 et 6 du titre V, sans qu'il appartienne aux tribunaux d'abaisser au-dessous des limites légales les condamnations encourues, sans qu'ils puissent, toutefois aussi, accorder aux parties lésées au-delà de ce qu'elles demandent ;

Qu'ainsi, dans la cause, les sieurs Dugave et Bransiet se bornent à réclamer le prix des objets pillés et choses enlevées, sur le pied du double de leur valeur, en conformité de l'article 1er du titre V, sans demander en outre, à titre de dommages-intérêts, la valeur entière desdits objets, par application de l'article 6 qui, dans tous les cas, porte au triple de cette valeur l'indemnité due au propriétaire molesté (Cour de cassation, treize avril mil huit cent quarante-deux) ;

Qu'il n'y a point lieu de leur accorder au-delà de ce qu'ils demandent ;

Attendu, d'autre part, que les habitants de Caluire auraient pu éviter la condamnation au double de la valeur, en offrant « la restitution en même nature » (article 1er précité) des choses fongibles, pillées ou enlevées, qui peuvent se remplacer exactement les unes par les autres, comme les grains et autres denrées ;

Mais qu'ils se bornent à l'offre subsidiaire « de restituer aux demandeurs le produit des ventes faites par eux ;

Qu'une offre pareille n'est nullement celle que la loi de vendémiaire autorise ; que l'admettre, serait supprimer absolument la disposition qui, à défaut de « la restitution des objets en même nature », oblige d'en payer le prix sur pied du double de la valeur au jour du pillage ;

Qu'ensuite, la valeur réelle des choses ne peut être représentée par le prix obtenu dans une vente faite dans des conditions telles que tout honnête homme a dû craindre, s'il devenait acheteur, de se rendre moralement complice d'une spoliation ;

Qu'enfin, les choses vendues ne sont qu'une faible partie des objets disparus ;

Qu'il ne faut donc pas s'arrêter à cette offre des habitants de Caluire, et qu'ils doivent être condamnés à payer le double de la valeur des objets pillés ou choses enlevées :

Attendu que, suivant une interprétation consacrée par une jurisprudence unanime, la loi de vendémiaire statue en termes généraux, et ne distingue pas les attentats qui ont la dévastation, la destruction et la dégradation pour objet, de ceux qui ont un caractère plus précis d'extorsion et de vol ;

Que l'obligation de payer le double de la valeur s'applique à tous les objets disparus par une cause quelconque, volés, pillés, détruits et dégradés, sans avoir été enlevés ;

Qu'elle s'applique de même non-seulement aux choses mobilières, mais encore à toute espèce de dégradations, de dévastations et de destructions faites aux immeubles et aux récoltes sur pied ;

Qu'en effet, si l'article 1er du titre V de la loi de vendémiaire emploie seulement les mots de *vol* et de *pillage*, ces mots ne sauraient être limitatifs ;

Que les dispositions de ce titre, comme le porte la rubrique sous laquelle il est placé, ont pour objet de déterminer les dommages-intérêts et réparations civiles dus pour les attentats énoncés au titre précédent, lequel est placé, à son tour, sous la rubrique « des espèces de délits dont les communes sont civilement responsables ; »

Que, de la contexture de ces deux titres, il résulte que les dommages-intérêts et la réparation civile, réglés par la disposition du titre V, s'appliquent nécessairement à toutes les espèces de délits énoncés au titre IV ;

Qu'en un mot, l'un de ces deux titres ayant pour objet de régler les effets de la responsabilité des communes, relativement aux attentats mentionnés dans l'autre ; il doit naturellement s'appliquer à tous les dommages soufferts, quelle que soit la nature des faits qui ont pu les causer (Cour de cassation, treize avril mil huit cent quarante-deux) ;

Attendu, toutefois, que l'obligation du double ne peut s'étendre aux dommages qui, ne résultant pas directement de la perte ou de la dégradation d'un objet, ne représentent pas une valeur déterminée, qui sont destinés à réparer simplement un préjudice médiat d'un autre genre, et ne doivent pas le dépasser ;

Que tels sont les frais de déplacement compris sous le n° 6 du résumé du rapport de l'expert ;

Que la somme de trois mille trois cent dix francs, à laquelle ils sont portés, ne doit pas être doublée ;

Attendu que la responsabilité des habitants de Caluire n'est pas limitée à tels ou tels enlèvements ou dégradations, non-seulement parce qu'il n'a pas été possible d'en préciser la date postérieure ou non à l'arrivée des corps qui ont occupé la maison, mais encore par ce motif que, la commune parvint-elle, ce qu'elle ne fait ni n'offre de faire, à démontrer que certains actes sont l'œuvre de tels ou tels francs-tireurs, soldats ou gardes mobiles, elle ne cesserait pas d'en être responsable ;

Qu'en continuant, au mépris du droit de propriété, par ses préposés Denis Brack et Rivière, son occupation commencée par la violence ;

En supprimant la surveillance des propriétaires, pour y substituer la sienne, elle a assumé la responsabilité de tous les actes dont son attentat originaire est le principe, qu'elle les ait commis ou laissé commettre ;

Attendu, quant à l'indemnité réclamée pour privation de jouissance, qu'il est intervenu des actes pouvant équivaloir à des réquisitions, au nom de l'Etat, pour le logement des troupes de passage ou en formation ;

Que ces réquisitions se seraient produites, dans une certaine mesure, quand même les habitants de Caluire n'auraient pas violé la propriété des demandeurs ;

Mais qu'il faut reconnaître que leur occupation délictueuse a précédé d'une vingtaine de jours l'arrivée des francs-tireurs ;

Que, plus tard, elle a facilité l'extension des réquisitions ;

Qu'elle a accru la privation de jouissance ;

Que les Frères, dont le dévouement et les offres patriotiques étaient, à Caluire comme ailleurs, un exemple et une leçon pour tous, auraient certainement obtenu du sieur Challemel de conserver, dans leurs maisons, autant de place qu'en tenaient les rassemblements de gardes nationaux, Denis Brack et les siens ;

Que la portion de ce préjudice à mettre à la charge de la commune sera équitablement fixée au quart de l'indemnité de dix mille francs arbitrée par l'expert ;

Qu'au surplus, et pour les raisons indiquées au sujet des frais compris sous l'article 6, cette indemnité ne doit pas être portée au double ;

Attendu, les bases des réparations et des dédommagements ainsi précisées, que le rapport fait par l'expert Bissuel, en exécution d'une ordonnance de référé, rendue entre les demandeurs, la commune de Caluire, le département et l'Etat, offre tous les éléments nécessaires à l'évaluation des diverses natures de préjudice ;

Que ces appréciations, fruit de consciencieuses recherches, reposent sur la combinaison de toutes les données qu'il était possible de recueillir ;

Que ces appréciations ne sont, d'ailleurs, l'objet d'aucune contradiction précise ;

Qu'il y a lieu de les admettre et de condamner, par suite, les habitants de Caluire à payer aux demandeurs :

1° La somme de quatre-vingt-onze mille six cent vingt-quatre francs cinquante-cinq centimes, montant des cinq premiers articles du résumé du rapport de l'expert ;

2° Le double de cette somme ;

3° La somme de trois mille trois cent dix francs, pour les frais compris sous le numéro 6 de ce résumé ;

4° Enfin, la somme de deux mille cinq cents francs, pour la part à la charge des des habitants de Caluire, de l'indemnité due pour la privation de jouissance ;

Attendu, quant aux intérêts, qu'il faut distinguer entre les sommes qui représentent la valeur effective des objets, dont les demandeeurs ont dû subir la privation, ou qu'ils ont dû remplacer ;

Qu'il est juste d'allouer l'intérêt de ces sommes, de même que des sommes dépensées pour réparer les dégâts, avancées ou dues pour la privation de jouissance, selon la règle générale de l'article 1154 du Code civil, à partir du jour de la demande ;

Qu'au surplus, par ces mots : le jour de la demande, il faut entendre non la date de l'assignation en référé, tendant à la uomination d'experts, assignation qui ne constitue point la demande judiciaire exigée par l'article 1154, pour faire courir les intérêts, mais la date du dépôt du mémoire, prescrit par l'article 51 de la loi du dix-huit juillet mil huit cent trente-sept, lorsqu'il a été suivi d'assignation dans le mois qui suit l'autorisation (Argument de l'article 57 du Code de procédure);

Que, dans l'espèce, l'autorisation du conseil de préfecture est du vingt-quatre novembre mil huit cent soixante-onze, et l'assignation donnée à la commune, du quatorze décembre suivant ;

Que, pour le surplus de l'indemnité allouée, il est équitable de n'accorder les intérêts qu'à partir de ce jour.

En ce qui concerne l'action des sieurs Dugave et Bransiet contre Vassel et les seize autres signataires de la délibération du vingt-sept septembre mil huit cent soixante-dix:

Attendu que la loi de vendémiaire n'a nullement supprimé la responsabilité individuelle des auteurs des délits, pour y substituer la responsabilité collective des habitants de la commune ;

Qu'au contraire, établissant un cas spécial de responsabilité civile, l'aggravant au point de la rendre pénale à certains égards, cette loi a ajouté une responsabilité à une autre et en a voulu le cumul ;

Qu'il ressort, non-seulement de son esprit, mais de plusieurs de ses dispositions combinées et des règles d'interprétation les plus sûres, que les coupables répondent nécessairement de leurs faits personnels. d'après le droit commun, et restent toujours soumis à l'action directe des parties lésées ;

Attendu qu'en matière de responsabilité, il faut entendre par *auteurs* du délit, non-seulement ceux qui ont pris une part directe et immédiate à son exécution, mais tous ceux qui ont provoqué au délit par abus d'autorité ou de pouvoir, qui ont donné des instructions, ou, plus encore, des ordres pour le commettre, tous ceux qui, avec connaissance, ont aidé ou assisté les auteurs de l'action dans les faits qui l'ont préparée ou facilitée, ou dans les actes qui l'ont consommée, tous ceux enfin que les articles 60 et suivants du Code pénal qualifient de complices ;

Qu'ils sont tous frappés de la même peine que les auteurs directs du délit, et passibles des mêmes réparations envers la partie lésée, suivant les règles écrites, notamment dans les articles 1382 et suivants du Code civil, l'article 1366 du Code d'instruction criminelle, 55, 59, 60 et suivants du Code pénal, et enfin dans l'article 4 (titre IV) de la loi de vendémiaire, qui place sur la même ligne les auteurs et les complices ;

Attendu, au surplus, que pour les dommages-intérêts, comme pour la peine, la condamnation des complices n'est point subordonnée à la punition des auteurs principaux du délit;

Qu'il n'importe que ceux-ci soient inconnus ou impoursuivis pour une cause quelconque;

Qu'il suffit que le fait punissable soit constaté, pour que les complices ne puissent échapper à ses conséquences pénales et civiles;

Qu'il n'y a donc pas à s'arrêter, dans l'espèce, à cette circonstance que les auteurs directs de l'expulsion, des soustractions et des dégradations ne sont peut-être pas en cause et nommément poursuivis;

Que les faits étant constants, il reste à vérifier la part de responsabilité qui doit peser sur chacun des divers assignés;

Attendu, quant aux sieurs Vassel (maire), Pierrot, Razuret (adjoints), Rivière (aîné), Rivière (Simon), Faure, Chatelet, Truchet, Chaboud, Ducotté, Bertrand, Brunier, Bouvet, Montfalcon, Collomb, Combe et Crassard, conseillers municipaux; que ce sont eux qui, cédant les uns à la haine, les autres à la peur, ont ordonné, par des délibérations d'une illégalité grotesque, l'expulsion des demandeurs de leur propre maison et implicitement du territoire de la commune, en prescrivant « le départ pour leurs foyers respectifs de tous les « novices et frères... » sous un prétexte dont le mensonge déguisait mal le but de violence, au moins morale, contre les personnes; de confiscation, quant aux immeubles déclarés propriété communale, dans les délibérations des trois et neuf octobre; d'appropriation, quant au mobilier qu'ils inventoriaient, non comme ils le disent aujourd'hui, afin de conserver les droits de ceux qu'ils prétendaient dépouiller de leur titre de propriétaire pour se l'attribuer, mais afin de constater leur prise de possession et les richesses dont ils dotaient la commune; d'extorsion, quant aux provisions dont ils exigeaient la délivrance à leurs hommes, qui devaient *s'établir* (dans la maison) *jusqu'à complète évacuation,* » en tenant les Frères dans une captivité plus ou moins étroite; de détournement, quant aux animaux, aux denrées, au linge et aux objets divers, dont les uns étaient détruits ou soustraits sous les yeux du préposé municipal; les autres, consommés par lui et les siens, ou vendus sans contrôle et sans publicité, pour payer les gages du directeur et des employés, les frais même d'expulsion; le surplus des objets « *trouvés dans l'ancien établissement des Frères*, aujourd'hui propriété communale, » (porte l'affiche du dix octobre, signée Vassel), vendu à des enchères irrégulières, malgré des décisions de justice, pour le prix en être confisqué et servir, dit-on, dans la délibération du neuf octobre, aux œuvres de bienfaisance qui seront déterminées par le conseil municipal, et définitivement employé, dit-on, partie par l'intermédiaire du comité démocratique des citoyennes lyonnaises, à l'équipement des garibaldiens, partie au profit de la caisse des pauvres de Caluire ;

Que ce sont Vassel et consorts qui, après le départ des novices, si étrangement qualifié de *volontaire,* dans la lettre du maire au préfet, en date du six octobre, ont ordonné le transfèrement des vieillards et des infirmes dans les hospices de Lyon ;

Qui ont fait arracher un mourant de son lit ;

Qu'en agissant ainsi, Vassel et consorts ont cumulé plusieurs des modes de complicité prévus par l'article 60 du Code pénal : provocation aux délits par abus d'autorité et de pouvoir ; instructions et ordres pour les commettre ; assistance donnée aux auteurs des actions coupables dans les faits qui les ont préparés, facilités ou consommés ;

Attendu qu'il n'y a lieu d'affranchir de l'action des demandeurs aucun des signataires des délibérations unanimes des vingt-sept et vingt-huit septembre, ayant tous, sauf Brunier, participé d'ailleurs aux délibérations des trois et neuf octobre (quelques-uns sans les avoir signées, paraît-il) ;

Que les premières de ces délibérations contiennent une véritable provocation aux délits, et suffisent, à elles seules, pour en constituer complices tous ceux qui ont concouru auxdites délibérations ;

Que Brunier et Simon Rivière ne sont point fondés à repousser cette complicité ;

Que les délibérations ne portent aucune trace des motifs, tout différents, disent-ils, de ceux de leurs collègues, par lesquels il leur plaît d'expliquer leur concours à ces provocations coupables ;

Que si, à la séance du seize octobre, craignant les conséquences de leurs actes, en revenant avec quelques autres au sens moral et à la notion de la légalité, ils ont protesté, et si Brunier a rappelé des réserves omises au procès-verbal de la séance du neuf, ce repentir tardif pourrait leur mériter le bénéfice des circonstances atténuantes, s'il s'agissait d'une peine proprement dite à leur infliger ; mais qu'il ne suffit point pour écarter l'action appartenant aux parties lésées contre tous ceux qui, même à des degrés divers, ont coopéré à l'infraction ;

Attendu que la même responsabilité incombe, moralement, plus grande encore au sieur Challemel-Lacour qui, en sa qualité de préfet, a autorisé ces illégalités et ces délits, s'est personnellement associé aux provocations de Vassel et des conseillers municipaux, notamment : en approuvant les délibérations des vingt-sept et vingt-huit septembre, qui prescrivaient la violation de domicile « des Frères Ignorantins, » et leur expulsion, que dans son arrêté du vingt-huit octobre, le préfet dit avoir été ordonnée « *dans un intérêt d'ordre public;* »

En assurant, au besoin de plus fort, l'exécution de cette mesure, par l'ordre qu'il donnait, faisait ou laissait donner, le premier octobre, pour un service hors du territoire de la commune, lui, chef supérieur des gardes nationales du département (article 4 et 108 de la loi du treize juin mil huit cent cinquante-un): « Ordre au citoyen Chavent de « prendre une Compagnie pour expulser les Frères ignorantins de Caluire, suivant les « ordres du préfet du Rhône. Pour le commandant supérieur, le chef d'état-major, « *Vérat ;* »

En consacrant sur les demandes de Vassel, et, en particulier, sur la lettre du six octobre: « Vu la protestation accompagnée de paroles menaçantes du Frère..., directeur; » par ses arrêtés du cinq octobre, du vingt-huit octobre, du quinze décembre, la confiscation virtuelle des objets dépendant de ce qu'il appelait, dans le dernier de ces arrêtés « l'ex-propriété des Frères, » confiscation résultant de ce qu'il dépouillait définitivement les véritables propriétaires du prix de leurs denrées et de leurs revenus, pour affecter le tout, disait-il, aux dépenses de la défense nationale ;

Attendu que le sieur Challemel-Lacour ne saurait s'abriter, à l'encontre des demandeurs, derrière la précipitation que lui auraient imposée un travail excessif et les préoccupations nées d'agitation et de sédition redoutables ;

Qu'il est inadmissible que le sieur Challemel-Lacour, dont la haute culture intellectuelle est incontestée, ait pu être las ou troublé à ce point que, durant une période de deux mois et demi, du vingt-huit septembre au quinze décembre, il ait signé, sans les lire, et sans en comprendre la portée, ces approbations, et parfois pis encore, ces ordres successifs de violation de domicile, « d'expulsion de tous les novices et Frères; » de « transport de dix ou douze vieillards, soit à la Charité soit aux Antiquailles » (Lettre de Vassel approuvée);

Que, d'une façon pour ainsi dire inconsciente, malgré la protestation des Frères reçue par lui le treize octobre, mais laissée sans réponse, non-seulement il ait maintenu de telles autorisations, mais que, le vingt-huit octobre, il ait prescrit la vente des denrées, au mépris d'une décision judiciaire qui l'interdisait, et, le quinze décembre, l'affermage des champs, la confiscation des revenus et des loyers ;

Qu'il était du devoir du sieur Challemel-L[illegible] de ne pas subir, jusqu'à s'associer à des actes illicites, la pression des circonstances et du milieu que, dans un document lu à l'audience et non dénié, extrait du rapport d'une commission de l'Assemblée nationale, il a dépeint lui-même, en ajoutant « qu'il n'aurait qu'à lever le doigt pour qu'ils (les imbéciles... qui paralysent tout) disparussent. » (Rap. de M. Ducarre);

Attendu que, vis-à-vis les sieurs Dugave et Bransiet, le sieur Challemel-Lacour excipe en vain de la qualité en laquelle il aurait procédé, de préfet et de commissaire extraordinaire du Gouvernement ;

Que si étendus qu'on suppose les pouvoirs dont il se prévaut, ils avaient nécessairement pour limites les principes et les lois dont le gouvernement lui-même n'aurait pu s'affranchir;

Que, s'il entrait alors dans les attributions d'un préfet de requérir un établissement et des objets quelconques pour les besoins de la défense nationale, si le tribunal doit s'abstenir de contrôler l'utilité ou l'opportunité des actes de ce genre, qui ont pu se produire, dès le milieu du mois d'octobre, rien n'autorisait le préfet et n'aurait autorisé le gouvernement à approuver et à ordonner une violation de domicile, une expulsion plus ou moins violente, une confiscation de la propriété mobilière ou immobilière, à sanctionner de véritables attentats contre les personnes et contre les propriétés ;

Qu'en s'associant à la complicité de Vassel et des conseillers municipaux de Caluire, le sieur Challemel-Lacour a excédé son pouvoir et méconnu les bornes légales des fonctions qui lui avaient été confiées ;

Que, par suite, bien qu'il s'agisse d'actes signés par lui en qualité de préfet, il ne saurait, à raison de l'abrogation de l'article 75 de la Constitution de l'an VIII, dérober aux Tribunaux l'appréciation directe desdits actes, au point de vue de la responsabilité, qu'ils entraînent à l'égard des parties lésées ;

Qu'il faut donc décider que le sieurChallemel-Lacour est responsable envers les demandeurs, des dommages par eux soufferts, au même titre et au moins au même degré que Vassel et consorts ;

Attendu, quant à la mesure de la responsabilité encourue par les complices des délits, savoir : Vassel et les seize cosignataires des délibérations des vingt-sept et vingt-huit septembre, et le sieur Challemel-Lacour ;

Que les complices sont tenus, à l'égard des parties lésées, de toutes les suites de l'infraction, même quand ils ne les auraieut pas prévues, même quand ils ne les auraient pas voulues ;

Que même lorsqu'il s'agit de la peine proprement dite, sauf des cas formellement exceptés (article 63 du Code pénal), ils sont punis de leur coopération personnelle au fait d'autrui, des mêmes peines que l'auteur direct de ce fait, et passibles des mêmes conséquences quelconques ;

Que, si la loi de vendémiaire a cru devoir parer à un danger exceptionnel par une aggravation exceptionnelle de la responsabilité pécuniaire, les complices des faits qui y ont donné lieu, doivent subir cette aggravation tout comme les auteurs réels ou présumés des délits ;

Que s'il fallait considérer les habitants en nom collectif comme n'ayant encouru qu'une responsabilité civile, à plus forte raison les provocateurs et complices des délits ne sauraient être d'une condition meilleure ;

Attendu qu'en droit commun, il n'appartient pas à des complices d'exiger qu'il ait été procédé contradictoirement avec eux à l'évaluation du préjudice causé ;

Que la législation spéciale de vendémiaire est encore moins favorable à une telle prétention, puisqu'elle organise vis-à-vis des habitants, simplement auteurs légalement présumés des délits, cette procédure sommaire, qui, sur la poursuite du ministère public, permettrait de les frapper même sans qu'ils fussent assignés, au « vu des procès-verbaux ou autres pièces constatant les voies de fait, excès et délits » (articles 2, 3, 4 et 5 du titre v, Cour de cass. dix-sept vendémiaire an VIII);

Qu'il y a eu, au surplus, dans l'espèce, appréciation du dommage juridiquement faite à l'égard des auteurs légalement présumés des délits, présents ou dûment appelés ;

Qu'il n'y a donc point à s'arrêter aux objections de Vassel et consorts, de n'avoir pas été parties à l'ordonnance de référé, ou à l'expertise qu'elle prescrivait ;

Qu'il ressort de tout ce qui précède, que les complices prénommés doivent être condamnés comme les habitants, même au double de la valeur pour les articles compris sous les cinq premiers numéros du résumé du rapport ;

Que cette condamnation doit enfin, par application de l'article 55 du Code pénal, être solidairement prononcée contre chacun d'eux et contre les habitants de Caluire en nom collectif, sans que les demandeurs puissent, toutefois, en aucun cas, recevoir des uns ou des autres au-delà de l'indemnité totale qui leur est allouée ;

Que cette solidarité embrasse, suivant l'article 55 précité, les restitutions, les dommages-intérêts et les frais.

En ce qui concerne le recours de la commune de Caluire, comme corps moral, contre les sieurs Vassel, les seize conseillers municipaux et le sieur Challemel-Lacour, pris comme complices des excès et délits dont les habitants sont déclarés responsables :

Attendu que, dans le système de la loi de vendémiaire an IV, le mot *commune*, écrit dans quelques-unes de ses dispositions, ne doit pas être pris à la lettre dans son acception de *corps moral*; qu'il signifie simplement la collection des habitants, et a été employé, afin que la partie lésée ne soit pas forcée d'agir contre tous et chacun des habitants;

Qu'il est certain que ce sont eux, et non pas les communes, considérées comme être moraux et personnes juridiques, que cette loi a voulu atteindre et rendre responsables;

Que les condamnations prononcées en vertu de cette loi ne tombent pas à la charge de la caisse municipale, comme une dette ordinaire à laquelle la commune serait tenue de satisfaire par l'aliénation de biens communaux, ou des centimes additionnels à toutes les contributions payées sur le territoire, mais une dette à la charge des seuls individus domiciliés au moment du délit, présumés y avoir concouru, ou du moins coupables de ne l'avoir pas empêché, à l'exclusion des propriétaires forains, qui, par cela même, sont exempts de tout reproche;

Que ceci résulte notamment du titre 1er portant : « Tous citoyens habitant la « même commune, sont garants civilement des attentats, etc.; » des articles 2, 4, 6, 9, 10, 11 et 12 du titre IV, de l'article 1er du titre V, qui tous parlent des *habitants* comme devant subir l'effet des condamnations de l'article 9 du titre V, disant que : « la perception se fera sur tous les habitants de la commune d'après le tableau des domiciliés, » de divers avis du conseil d'Etat, et, en particulier, de l'avis du comité de l'intérieur, du vingt-cinq mai mil huit cent trente-neuf) postérieur à une loi du trente-un mai mil huit cent trente-quatre, qui avait autorisé la ville de Metz à s'imposer autrement;

Attendu que, par une conséquence rigoureuse, mais juridique, de la présomption légale de faute établie contre la collection de ses habitants, ce n'est pas à cette collection, considérée comme être moral, qu'appartient le recours contre les auteurs du délit;

Que la démonstration de ce point ressort très-évidente surtout de l'article 4 (titre IV), qui n'accorde un recours contre les auteurs des délits qu'aux habitants... contre lesquels il ne s'élèverait « aucune preuve de complicité ou participation aux attroupements....; »

Que ce recours est donc individuel et soumis à l'accomplissement d'une condition déterminée;

Que, sans doute, le maire, qui a pu être actionné comme représentant la collection des habitants, peut aussi exercer le recours collectif du chef de ceux desdits habitants qui sont étrangers au délit;

Mais qu'il doit nécessairement indiquer leurs noms, et ne saurait agir *jure proprio* ;

Qu'autrement, les défendeurs au recours seraient privés du droit de discuter la situation de ceux qui les attaquent, d'établir que, n'étant pas étrangers au délit, ils ne satisfont pas à la condition de la loi, et que, dès-lors, ils doivent contribuer, avec les autres, au paiement des condamnations prononcées contre tous. (Cour de cassation, dix-sept février mil huit cent cinquante-deux) ;

Qu'un autre argument se tire enfin de l'article 7 (titre IV), qui n'accorde un recours à la *commune* que dans le cas particulier de destruction de ponts ou de routes, pour le recouvrement des frais de réparation dont elle doit faire l'avance ;

Attendu que le sieur Milliet qui, en qualité d'adjoint, représente la collection des habitants de Caluire, n'indique même pas les noms de ceux qui prétendraient avoir droit au recours contre Vassel et consorts ;

Qu'il faut donc repousser l'action récursoire de Milliet, considérée comme représentant, soit la commune personne juridique, soit la collection des habitants ;

Attendu, quant au recours de la commune, ou de ses habitants en nom collectif, contre le sieur Challemel-Lacour, personnellement, qu'il doit être repoussé par les mêmes raisons qui viennent de faire rejeter leur recours contre Vassel et consorts ;

Que si le sieur Challemel partage la complicité de ces derniers, il ne doit pas être de condition pire ;

Qu'à son encontre comme au leur, l'adjoint Milliet ne pourrait faire admettre de recours que de la part de tels ou tels des habitants nommément désignés, qui justifieraient n'avoir pris aucune part aux délits, et contre lesquels il ne s'élèverait aucune preuve de complicité ou participation aux attroupements (article 4 du titre IV) ;

Qu'il n'en indique aucun ;

En ce qui touche les conclusions des 93 intervenants :

Attendu que leur intervention est recevable ;

Que leurs conclusions ne doivent être accueillies qu'à la charge d'établir, conformément à l'article 4 précité, qu'ils sont restés entièrement étrangers aux délits ;

Mais que cette preuve doit être tenue pour faite, dès qu'aucune contradiction ne s'élève contre leur assertion contenue dans les écrits signifiés, non-seulement de la part de tous, d'être restés étrangers aux délits, mais, pour la plupart d'entre eux, d'avoir fait, pour empêcher ces délits, des efforts repoussés par la force qu'avaient organisée Vassel et consorts ;

D'où il suit que leur action récursoire, pour le remboursement de la contribution qu'ils auront à payer, doit être accueillie et subie solidairement par tous les complices des délits, par le sieur Challemel-Lacour, comme par Vassel et les seize autres conseillers municipaux, signataires des délibérations des vingt-sept et vingt-huit septembre mil huit cent soixante-dix ;

En ce qui concerne les conclusions en garantie de Vassel et consorts contre la commune de Caluire :

Attendu que, s'il y avait lieu de discuter le recours de la commune contre Vassel et les conseillers, la demande inverse ne repose que sur une *singulière* interversion des rôles, et ne supporte point l'examen ;

Que le recours accordé, en droit commun, à la partie civilement responsable contre les auteurs et les complices d'un délit ou d'un quasi-délit, auquel elle n'a point participé, est la négation absolue de la prétention inverse, si contraire, d'ailleurs, à toute justice ; que les motifs sur lesquels se fondent Vassel, Pierrot et consorts sont des plus étranges ;

Qu'ils ne sauraient puiser, dans leur qualité d'administrateurs et de chefs élus de la commune, un titre pour rejeter tout le poids des conséquences de leurs abus d'autorité, de leurs passions et des délits dont ils sont personnellement complices, sur leurs administrés ; qu'ils n'ont su qu'exciter et provoquer à des attentats envers les personnes et contre les propriétés ;

Que, fallût-il qualifier les habitants pris collectivement d'agents des délits, dans le sens de la loi de vendémiaire, on ne pourrait les rendre passibles d'un recours quelconque de ceux qui ont organisé et ordonné ces délits, sans méconnaître une des règles les plus incontestées de droit et de morale, qui refuse toute action en justice à un des délinquants contre l'autre ;

Attendu que ce dernier motif suffit à repousser aussi le recours de Vassel et consorts contre le sieur Challemel-Lacour ;

Que s'il s'est associé à leur complicité, en autorisant leur action malhonnête, il ne l'a fait qu'à leur demande formelle ;

Qu'il n'appartient point de s'en plaindre à ceux qui, loin de subir aucune pression, ont plutôt imposé la leur, qui ont pris l'initiative de la provocation aux délits, en ont sollicité l'approbation et la force armée pour leur exécution ;

Attendu, à l'égard des sieurs Brunier et Simon Rivière, qu'il a été démontré plus haut qu'ils se trouvent exactement, sinon aujourd'hui sous le rapport moral, du moins quant à la complicité du délit et à toutes ses conséquences, dans une situation identique à celle de Vassel et de leurs cosignataires des délibérations des vingt-sept et vingt-huit septembre ;

Que les mêmes motifs doivent faire écarter le recours formé par eux contre la commune et contre le sieur Challemel-Lacour, personnellement ;

En ce qui touche soit l'action des demandeurs principaux contre le département du Rhône, soit les recours exercés contre lui par les divers assignés :

Attendu que le département soutient, avec raison, qu'en fait comme en droit, il est étranger à toutes les causes des dommages soufferts par les Frères ;

Que, dans cette affaire, le préfet du Rhône n'a jamais agi ni dû agir comme représentant du département et dans ses intérêts ;

Que le département ne saurait, à aucun degré, être engagé ni par la complicité de certains délits imputables au sieur Challemel-Lacour, personnellement, ni par ses réquisitions régulières ou non ;

Qu'aucune loi ne mettant à la charge du département les dépenses diverses auxquelles ont donné lieu l'entretien et les mouvements des corps réguliers et irréguliers qui se sont succédés dans l'établissement de Caluire, il n'est responsable ni des frais de l'occupation, ni des dévastations et enlèvements que ces corps ont pu commettre durant leur séjour ;

Qu'il doit donc être renvoyé de toutes les conclusions prises contre lui et obtenir les dépens contre tous ceux qui l'ont, à tort, mis en cause ;

En ce qui concerne l'action dirigée contre l'Etat, par les sieurs Dugave et Bransiet:

Attendu que dans leurs dernières conclusions signifiées le quatre juin courant, ils protestent contre la pensée de désistement qu'on leur prêtait, et déclarent « persister énergiquement » dans leur demande ;

Que dût-on entendre par là les simples réserves d'agir ultérieurement, consignées dans les conclusions du sept mai :

L'Etat est fondé à ne pas vouloir rester indéfiniment sous la menace du procès commencé ;

Qu'il est en droit de réclamer, à défaut d'un désistement, une décision actuelle sur les conclusions respectives, et d'abord sur l'exception d'incompétence qu'il élève ;

Attendu que les demandeurs fondent leur action contre l'Etat, en fait, sur ce qu'à partir du commencement du mois de novembre mil huit cent soixante-dix, l'Etat, représenté par le Préfet du Rhône, aurait fait, sans aucun droit, occuper leur propriété alors au pouvoir de la commune de Caluire, et concurremment avec elle, par des corps-francs et autres troupes irrégulières, et sur ce que, pendant cette occupation collective, il aurait été commis des destructions, des enlèvements, des dégradations tant aux bâtiments qu'aux terrains en dépendant, à raison de quoi ils demandent subsidiairement la condamnation solidaire de l'Etat et des autres parties assignées, à la restitution des objets détruits ou enlevés, à la réparation des dégâts, au remboursement des frais accessoires et à une indemnité de dix mille francs pour privation de jouissance ;

Qu'ils invoquent, en droit (pût-on admettre, — ce qu'ils contestent, — l'existence d'une réquisition légale de leur établissement), le principe que nul n'est tenu de souffrir un dommage, même dans un intérêt public, sans une juste indemnité ; et quant aux dégradations et enlèvements, les règles sur la responsabilité des fautes écrites dans les articles 1382 et suivants du Code civil ;

Qu'en présence du déclinatoire, la question à résoudre aujourd'hui ne peut pas être celle de savoir si les réclamations des sieurs Dugave et Bransiet sont fondées ou non fondées, mais uniquement celle de savoir quel doit être le juge de leurs prétentions ;

Sur le moyen pris de ce « qu'il est de principe et de jurisprudence que les litiges de « cette nature sont de la compétence exclusive de la juridiction administrative; » moyen développé en ce sens que cette juridiction est seule appelée à « connaître des « actions qui tendent à faire déclarer l'Etat débiteur; »

Attendu que cette prétendue règle générale n'est écrite que dans des décisions fort graves, sans doute, mais contredites par d'autres décisions, au moins aussi graves, dépourvues, d'ailleurs, les unes et les autres, d'autorité législative ;

Qu'elle ne se trouve dans aucune loi ;

Qu'il est si exorbitant qu'une des parties soit juge souverain de ses propres engagements et des conséquences de ses actes, qu'il faut rejeter une proposition si différente du droit commun, toutes les fois qu'une loi expresse ne l'a pas imposée dans un intérêt réputé supérieur ;

Attendu, à la vérité, que les décrets spécialement visés au déclinatoire, relatifs aux créances, alors dites *arriérées,* portent :

Celui des vingt-deux janvier, vingt-cinq, vingt-huit mars mil sept cent quatre-vingt-dix, qu'il sera sursis au paiement des créances arriérées jusqu'à leur liquidation, par le comité des finances de l'Assemblée nationale ;

Celui des dix-sept juillet, sept août mil sept cent quatre-vingt-dix, que nulle créance sur le Trésor public ne peut être admise parmi les dettes de l'Etat, qu'en vertu d'un décret de l'Assemblée nationale, sanctionné par le roi ;

Celui des seize, dix-sept, vingt-deux décembre mil sept cent quatre-vingt-dix, qu'une direction générale sera établie pour liquider l'arriéré de chaque département, quant à certains objets déterminés ;

Celui du vingt-quatre août mil sept cent quatre-vingt-treize, réglant la liquidation de la dette publique et l'établissement du grand-livre, qu'il n'y sera inscrit ou qu'il ne sera payé que les créances certifiées dans certaines formes administratives ;

Qu'il serait facile d'indiquer plusieurs autres décrets analogues, même d'un caractère plus général ; par exemple, celui du vingt-six septembre mil sept cent quatre-vingt-treize, disant que toutes les créances sur l'Etat seront réglées administrativement ;

Attendu que si, aux termes du règlement général sur la comptabilité publique du trente-un mai mil huit cent soixante-deux, aucune créance ne peut être liquidée, à la charge du Trésor, que par l'un des ministres ou par ses délégués (article 62), et aucune dépense ne peut être soldée au-delà des crédits régulièrement ouverts (article 42 et suivants) ;

S'il résulte de ces textes que les condamnations contre l'Etat ne puissent recevoir leur exécution que de la manière et dans les cas déterminés par la loi, il est certain que ces dispositions n'enlèvent point aux tribunaux civils le droit de prononcer des condamnations dans les matières de droit commun et d'en fixer le montant ;

Qu'il faut se garder de confondre la déclaration de la créance, la création du titre avec la vérification et la liquidation administratives confiées aux ministres, moins encore avec les difficultés plus ou moins grandes d'exécution ;

Que l'article 63 du règlement précité, en disant : « les titres de chaque liquidation doivent offrir les preuves des droits acquis aux créanciers de l'Etat », implique lui-même une déclaration de la créance, une création préalable du titre, pouvant résulter soit d'actes contractuels, soit de décisions administratives ou judiciaires qui consacrent le droit ;

Que, dans un très-grand nombre de cas, le titre ne peut consister que dans une décision de l'autorité judiciaire, par exemple : le titre au remboursement de contributions illégalement établies (loi de finance, article final) ; au remboursement de perceptions erronées, en matière de droits d'enregistrement (loi du vingt-deux frimaire an VII) ; de droits de douanes (loi des six, vingt-deux août mil sept cent quatre-vingt-onze ; loi du quatorze fructidor an III ; loi du vingt-huit avril mil huit cent seize) ; de contributions indirectes (loi du cinq ventôse an XII, sauf en quelques cas formellement exceptés) ; d'application des tarifs de la poste (loi du vingt-six août mil sept cent quatre-vingt-dix) ; en matière de responsabilité de la perte des lettres, au moins de celles portant déclaration de valeurs (loi du quatre juin mil huit cent cinquante-neuf) ;

Que toutes nos lois sur l'expropriation pour cause d'utilité publique attestent que l'Etat peut être déclaré débiteur par d'autres que les ministres ou ses délégués ;

Que, notamment, c'est à l'autorité judiciaire que la loi du quinze juillet mil huit cent dix-neuf attribue compétence, pour statuer sur l'indemnité pour occupation temporaire de propriété et dommages provenant de mesures de défense, au moins de celles qui sont volontaires et préventives (Conseil d'Etat, quatre mai mil huit cent soixante-douze) :

Attendu, à l'égard des difficultés d'exécution : que si des motifs d'ordre supérieur empêchent des voies d'exécution contre l'Etat, de nature à paralyser les services publics les plus essentiels, il ne saurait résulter de là aucun obstacle à la consécration du droit du créancier de l'Etat, pas plus que l'impossibilité d'exécuter une condamnation sur des immeubles dotaux n'empêche le créancier d'une femme dotale d'obtenir un jugement qui la condamne ;

Sur le deuxième moyen pris de ce que la règle, d'après laquelle la juridiction administrative seule est appelée à connaître des actions qui tendent à faire déclarer l'Etat débiteur, découle de « ce qu'il n'appartient qu'à elle de connaître des actes de l'administration, » et que « c'est là une conséquence forcée du principe fondamental de la « séparation des pouvoirs établie d'une façon absolue par l'article 13, titre II, de la loi « des seize, vingt-quatre août mil sept cent quatre-vingt-dix...., et par la loi du seize « fructidor, an III ; »

Attendu (sans qu'il soit besoin de faire ressortir l'influence considérable, sur les limites du principe invoqué, de l'abrogation récente de l'article 75 de la Constitution de l'an VIII, abrogation par suite de laquelle les Tribunaux civils auront souvent à apprécier la légalité et la régularité des actes imputés aux administrateurs); que déduire une telle conséquence du principe de la séparation des pouvoirs, c'est en fausser le sens et lui donner une portée qu'il n'a point ;

Qu'il n'en résulte nullement que l'Etat et les administrations publiques soient par le seul effet de leur qualité, en dehors de l'action des Tribunaux ;

Que, sans doute, le pouvoir judiciaire ne pourrait, en général, entraver l'exécution d'un acte administratif, sans méconnaître la loi précitée de mil sept cent quatre-vingt-dix et le décret du seize fructidor an III ;

Mais que c'est chose tout autre, de déterminer quelles sont les conséquences légales, par rapport aux intérêts privés, des actes de l'administration accomplis et subis ;

Que cela est vrai, surtout quand il s'agit de conséquences portant atteinte à la propriété ;

Attendu que toutes les Constitutions qui ont régi la France depuis la déclaration des droits écrits en tête de la Constitution du trois septembre mil sept cent quatre-vingt-onze, ont consacré le principe que la propriété étant un droit inviolable et sacré, nul ne peut être privé de la moindre portion de ses biens, de ses revenus, du fruit de son travail et de son industrie, si ce n'est lorsque la nécessité publique, légalement constatée, l'exige évidemment, sous les formes prescrites et hors les cas prévus par les lois (Déclaration des droits du trois septembre mil sept cent quatre-vingt onze, article 17) ;

Déclaration des droits du vingt-quatre juin mil sept cent quatre-vingt-treize, article 19;

Constitution du cinq fructidor, an III, article 358 ;

Code civil, article 545 ;

Charte de mil huit cent quatorze, article 10 ;

Charte de mil huit cent trente, article 9 ;

Constitution de mil huit cent quarante-huit, article 11 ;

Attendu qu'un autre principe de notre droit public, qui domine notre législation tout entière, c'est que le droit de propriété est placé, à raison de son importance même, sous la sauvegarde du pouvoir judiciaire, à l'exclusion de l'autorité administrative ;

Que, pénétrés des rapports nécessaires qui dérivent de la nature des choses, nos législateurs sont partis de ce point que l'Etat renferme en soi trois pouvoirs différents, par l'action desquels il se forme et se conserve : celui qui fait la loi ; celui qui en ordonne et en procure l'exécution ; celui qui décide ce qui est de droit, dans tel ou tel cas déterminé, et attribue à chacun suivant la loi ;

Qu'ainsi nos constitutions et nos lois se sont efforcées d'établir le pouvoir judiciaire dans des conditions de nature à en assurer l'indépendance et l'autorité, tant par sa composition que par la solennité des formes et la publicité des débats ;

Qu'il a son nom et sa place à la suite du pouvoir législatif et du pouvoir exécutif, dans la Constitution de mil sept cent quatre-vingt-onze, dans celle de l'an trois, dans les deux Chartes, dans la Constitution de mil huit cent quarante-huit ;

Qu'à raison de tout cela, les tribunaux civils sont essentiellement la juridiction de droit commun devant laquelle doivent être portées toutes les difficultés et tous les litiges, même entre l'Etat et les particuliers, naissant des contrats, des quasi-contrats et de l'application de la responsabilité civile, à moins qu'un texte formel n'en ait attribué la connaissance à d'autres juges ;

Attendu que cette doctrine, fondée sur les principes généraux du droit, trouve une confirmation particulière, applicable à une partie du procès, dans un décret du gouvernement de la défense nationale du douze novembre mil huit cent soixante-dix, relatif à l'occupation temporaire des ateliers inoccupés, portant : « article 4, toute difficulté « relative, soit à la prise de possession de l'atelier requis, soit à son occupation tem- « poraire, sera jugée par le Tribunal civil »;

Que si le mot *indemnité* n'est pas écrit dans cet article, il faut néanmoins dire, *à fortiori*, que le Tribunal civil sera compétent pour en fixer le chiffre ;

Que c'est là une attribution bien peu importante, en présence de celle que lui reconnaissent les auteurs du décret, qui, cédant à la force du principe qui met la propriété sous la sauvegarde du pouvoir judiciaire, n'ont pas craint de voir le Tribunal contrôler, entraver peut-être l'exécution de l'acte administratif, prescrivant la prise de possession et l'occupation temporaire de l'atelier ;

Que ce décret, édicté en vue de réquisitions entourées des formes légales, sera d'autant plus nécessaire, dans le cas de réquisitions irrégulières ;

Attendu que le gouvernement de Paris, en envoyant des délégués à Tours, n'a pas cessé de considérer leurs pouvoirs comme subordonnés aux siens, ainsi que cela résulte notamment de l'annulation du décret de Tours, qui ordonnait des élections pour l'Assemblée constituante ;

Qu'il n'admettait d'autres limites à l'autorité de ses propres décrets que celle résultant de l'impossibilité de leur promulgation ;

Qu'aussi lorsque, le cinq novembre mil huit cent soixante-dix, le gouvernement de Paris a institué le *Journal officiel* comme instrument légal de promulgation, il a eu soin de dire que les lois et les décrets seraient exécutoires dans l'étendue de chaque arrondissement, un jour après l'arrivée du *Journal officiel* au chef-lieu ;

Qu'une foule de décrets rendus pendant l'investissement de Paris, sur les matières les plus diverses, ont été appliqués sans conteste dans les départements ;

Qu'enfin la délégation de Tours, elle-même, subissait la suprématie du gouvernement de Paris ; qu'elle proclamait l'autorité générale de ses actes, en prescrivant, le onze novembre mil huit cent soixante-dix, l'insertion immédiate au *Moniteur universel*, pour valoir promulgation là où le *Journal officiel* ne serait pas parvenu, de tout décret du gouvernement de la Défense nationale, inséré dans ce dernier journal ;

Qu'en conséquence, la délégation de Tours, a publié à la partie officielle du *Moniteur universel* du vingt-six novembre, le décret précité du douze novembre, sur la réquisition des ateliers, en le faisant, il est vrai, précéder de ces mots : *qu'il semble ne s'appliquer qu'à Paris ;*

Mais attendu que ni le texte, ni l'esprit du décret n'autorisent cette restriction, d'ailleurs hésitante, d'abord, parce que, malgré l'énonciation du « président du Tribunal de la Seine », dans un paragraphe de l'article 3, l'article 4, spécial pour la compétence, dit, en termes généraux, que les difficultés seront décidées par le Tribunal civil, et surtout parce que la situation de la plupart des départements y rendait, sans inconvénient, la protection qu'on jugeait utile d'assurer de plus fort aux intérêts privés, à Paris même, au milieu des périls du siége et des sacrifices exceptionnels qui s'y imposaient à tous ;

Attendu que le numéro du *Journal officiel* du treize novembre, qui contenait le décret arrivé à Tours le vingt-quatre novembre, a dû parvenir à Lyon vers la même époque, et y est certainement parvenu plus tard ;

Que ce décret du douze a été publié au *Moniteur universel*, en exécution du décret du onze novembre ;

Que ce décret du douze novembre, modifiât-il, au lieu de la confirmer, une règle de compétence déjà existante, serait applicable, sans rétroactivité, aux faits antérieurs à sa promulgation ;

Que fallût-il, enfin, pour un motif d'irrégularité dans le mode de promulgation, lui refuser l'autorité législative en province, ce décret n'en serait pas moins un grave argument de plus contre l'application, dans l'espèce, de la théorie du déclinatoire ;

Attendu que, de tout ce qui précède, il ressort que le Tribunal ne doit point s'arrêter à ce déclinatoire, tout en s'abstenant, aujourd'hui, de décider si les demandeurs sont fondés ou non fondés dans les circonstances de la cause, dans tel ou tel chef de leurs conclusions ;

Attendu que ces motifs s'appliquent aux recours subsidiaires, en tant que basés, pour certains chefs de conclusions, sur les mêmes faits et les mêmes principes qu'exercent contre l'Etat les habitants de Caluire en nom collectif et les quatre-vingt-treize intervenants, afin de faire supporter par l'Etat les conséquences de la responsabilité par eux encourue, aux termes de la loi de vendémiaire an IV ;

Qu'il en est de même de la prétention de Vassel et des seize autres conseillers municipaux, et du sieur Challemel-Lacour, de se faire relever, par l'Etat, indemnes des condamnations prononcées contre eux, comme complices des délits qui ont été commis ;

Que, sur tous ces points, la compétence de l'autorité judicaire est contestée à tort ;

Mais attendu que le déclinatoire doit, au contraire, être accueilli quant au surplus des conclusions récursoires de la commune et du sieur Challemel, prétendant, à l'encontre de l'Etat, avoir agi, l'un comme son agent et dans la mesure des pouvoirs qu'il tenait de lui, l'autre comme n'ayant fait qu'obéir à l'autorité administrative supérieure ;

Que cette portion du procès implique et nécessite une appréciation d'actes et de rapports entre l'Etat et le préfet, et entre l'autorité préfectorale et l'autorité municipale, qui n'appartient qu'à l'administration elle-même ;

Que se livrer à leur examen, serait contrevenir à la règle de la séparation des pouvoirs ;

Que le Tribunal doit se déclarer incompétent, quant à ce ;

Attendu quant aux dépens :

Que les sieurs Dugave et Bransiet obtiennent gain de cause contre tous les assignés, autres que le départemnnt et l'Etat ;

Que tous, sauf ces derniers, doivent, par suite, être condamnés aux dépens à leur égard, et ce, solidairement, en vertu de l'article 55 précité du Code pénal ;

Que les habitants pris en nom collectif et les dix-sept signataires des délibérations des vingt-sept et vingt-huit septembre, succombent dans leurs prétentions réciproques;

Qu'il y a lieu de compenser les dépens qu'ils ont exposés les uns contre les autres ;

Que le sieur Challemel-Lacour étant relaxé des conclusions prises contre lui par les habitants de Caluire, en nom collectif, par Vassel et les seize autres signataires, y compris Brunier et Rivière (Simon), et n'ayant pas conclu à leur encontre, doit obtenir condamnation pour les dépens qu'il a exposés contre chacun d'eux ;

Que les quatre-vingt treize intervenants doivent obtenir les dépens contre tous les complices des délits, savoir : Vassel et les seize cosignataires et le sieur Challemel-Lacour, avec solidarité entr'eux ;

Que le département doit obtenir les dépens contre toutes les parties qui l'ont mis en cause ;

Qu'il y a lieu, quant aux dépens de l'incident vis-à-vis de l'Etat, de les réserver entièrement en ce qui concerne les sieurs Dugave et Bransiet, Vassel, les seize cosignataires et les quatre-vingt-treize intervenants, de les réserver pour la moitié seument, quant aux habitants de Caluire en nom collectif, et le sieur Challemel-Lacour, en mettant d'ores et déjà l'autre moitié à leur charge, puisque le déclinatoire est admis en partie à leur égard ;

Par ces motifs,

Le Tribunal,

Ouï maître Brac de la Perrière, avocat, pour les sieurs Dugave et Bransiet ;

Maître Thevenet, avocat, pour les habitants de Caluire, en nom collectif;

Maître Guillot, avocat, pour Vassel et quatorze autres cosignataires des délibérations des vingt-sept et vingt-huit septembre mil huit cent soixante-dix;

Maître Tavernier, avocat, pour Brunier et Simon Rivière;

Maître Genton, avocat, pour les quatre-vingt-treize intervenants, représentés par maître Pignaud;

Maître Laurier, avocat du Barreau de Paris, pour le sieur Challemel-Lacour;

Maître Dubost, avocat, pour le département du Rhône et pour l'Etat français;

Ouï dans ses conclusions, monsieur Clappier, substitut du procureur de la République, qui a présenté, en outre, le déclinatoire à lui adressé par monsieur le Préfet du Rhône, en conformité de l'ordonnance du premier juin mil huit cent vingt-huit;

Jugeant en matière ordinaire et en premier ressort;

En ce qui touche l'action des sieurs Dugave et Bransiet, contre les habitants de la commune de Caluire, pris en nom collectif;

Rejette les moyens tirés des articles 1382 et 1384 du Code civil et des règles relatives au mandat;

Mais sans s'arrêter aux autres exceptions et moyens de la commune ou de ses habitants, en nom collectif:

Les rejetant:

Déclare pleinement justifiées toutes les conditions d'applicabilité de la loi du dix vendémiaire an IV;

En conséquence,

Rejetant comme insuffisante de tout point l'offre de la commune, de « restituer le produit des ventes faites par elle, »

Condamne les habitants de la commune de Caluire, pris en nom collectif, à payer aux sieurs Dugave et Bransiet, savoir:

Avec intérêts à partir du cinq mai mil huit cent soixante-onze, jour du dépôt à la préfecture du mémoire exigé par l'article 51 de la loi du dix-huit juillet mil huit cent trente-sept, suivi d'assignation à la date du quatorze décembre mil huit cent soixante-onze, moins d'un mois après l'autorisation donnée à la commune, le vingt-quatre novembre précédent:

I. La somme de quatre-vingt-quatorze mille neuf cent trente-quatre francs cinquante-cinq centimes, montant des six premiers articles du résumé du rapport de l'expert, suivant le détail ci-après;

1° Dégâts aux bâtiments, six mille cinquante-cinq francs cinquante-huit centimes;

2° Dégâts du mobilier et provisions enlevées depuis l'inventaire du commissaire-priseur, cinquante-trois mille sept cent soixante-trois francs soixante-un centimes;

3° Objets mobiliers et provisions enlevés avant l'inventaire du commissaire-priseur, vingt-et-un mille quatre cent quatre-vingt-douze francs trente-six centimes ;

4° Enlèvement des trousseaux des novices, cinq mille francs ;

5° Dégâts dans le clos et récoltes perdues, cinq mille cent treize francs ;

6° Frais de déplacement des Frères et des novices, trois mille trois cent dix francs;

II. La somme de deux mille cinq cents francs pour la part à la charge des habitants de Caluire, de l'indemnité due pour la privation de jouissance.

Et avec intérêts à partir de ce jour seulement.

III. La somme de quatre-vingt-onze mille six cent vingt-quatre francs cinquante-cinq centimes, formant le double du montant des cinq premiers articles énumérés plus haut ;

En ce qui touche la demande des sieurs Dugave et Bransiet contre Vassel et les seize cosignataires des délibérations des vingt-sept et vingt-huit septembre mil huit cent soixante-dix, y compris Brunier et Simon Rivière, et en outre le sieur Challemel-Lacour, personnellement :

Sans s'arrêter à aucun des moyens ou exceptions principaux ou subsidiaires par eux proposés,

Les rejetant :

Déclare lesdits sieurs Challemel-Lacour, Vassel et ses seize consorts, complices des délits que les habitants collectivement pris de la commune de Caluire sont légalement réputés avoir commis ;

Les condamne tous et chacun d'eux solidairement, avec la collection des habitants, à payer aux sieurs Dugave et Bransiet toutes les sommes, en principal et accessoires, qui viennent d'être spécifiées ;

Les condamne de même tous solidairement aux dépens exposés contre eux par les demandeurs, dépens dans lesquels seront compris le coût de tous les actes extrajudiciaires antérieurs à l'assignation, tous les dépens de référé sur lesquels il n'aurait pas été déjà statué, et tous les frais de l'expertise ;

Rejette les plus amples conclusions des demandeurs ;

Rejette l'action récursoire réciproque des habitants de la commune de Caluire contre Vassel, ses seize cosignataires, et de ceux-ci contre les habitants ;

Compense les dépens entre eux ;

Rejette l'action récursoire des habitants de la commune, de Vassel et des seize autres signataires des délibérations précitées contre le sieur Challemel-Lacour ;

Condamne chacun d'eux aux dépens envers lui ;

Reçoit l'intervention des quatre-vingt-treize habitants de Caluire, représentés par Me Pignaud ;

Déclare leurs recours bien fondé contre les autres habitants, pris en nom collectif, contre Vassel et ses seize cosignataires, et contre le sieur Challemel-Lacour ;

Condamne solidairement tous les défendeurs à ce recours à relever les intervenants indemnes de la part qu'ils auront à supporter dans les condamnations mises à la charge des habitants de la commune en nom collectif ;

Les condamne, en outre, solidairement aux dépens envers lesdits intervenants ;

Déclare mal fondées toutes les actions exercées contre le département du Rhône ;

Le renvoie de toutes les conclusions prises, et condamne toutes les parties aux dépens qu'il a exposés contre elles ;

Statuant sur le déclinatoire présenté par monsieur le préfet, en vertu de l'ordonnance du premier juin mil huit cent vingt-huit ;

Le rejette : 1° quant à la demande des sieurs Dugave et Bransiet ;

2° Quant aux conclusions des habitants de Caluire en nom collectif et des quatre-vingt-treize intervenants, tendantes à faire supporter par l'Etat les conséquences de la responsabilité par eux encourue, aux termes de la loi du dix vendémiaire an IV ;

3° Quant aux conclusions de Vassel et des seize autres conseillers municipaux cosignataires des délibérations des vingt-sept et vingt-huit septembre mil huit cent soixante-dix, et du sieur Challemel-Lacour, en nom personnel, tendantes à se faire relever par l'Etat indemnes des condamnations prononcées contre eux, comme complices des délits que les habitants de la commune de Caluire, collectivement pris, sont également réputés avoir commis ;

Se déclare compétent sur ces diverses parties de la cause, sur lesquelles il sera plaidé au jour à fixer ultérieurement ;

Admet, au contraire, le déclinatoire en ce qui concerne le surplus des conclusions de la commune ou des habitants de Caluire, et du sieur Challemel-Lacour ;

Les renvoie à se pourvoir devant les juges compétents ;

Réserve les dépens spéciaux de l'incident, pour la totalité, en ce qui concerne les sieurs Dugave et Bransiet, Vassel et les seize cosignataires des délibérations prémentionnées, et les quatre-vingt-treize intervenants :

Ne réserve ces dépens que pour moitié, quant à la commune ou aux habitants de Caluire, et au sieur Challemel-Lacour ;

Les condamne d'ores et déjà à supporter l'autre moitié desdits dépens;

Prononce la distraction des dépens au profit de Mes Anglès, Pignaud et Ruby, avoués, qui affirment avoir fait la plus grande partie des avances pour leurs clients respectifs.

Ainsi fait et jugé, et judiciairement prononcé en l'audience publique de la première Chambre du Tribunal civil de Lyon, du dix-neuf juin mil huit cent soixante-douze,

Par messieurs Cuniac, président, Gilardin, vice-président, Bruneau, de Piellat, juges; Groz, juge suppléant, faisant partie de la Chambre, et siégeant avec voix consultative seulement.

En présence de M. Dieu-Labrasserie, substitut de M. le procureur de la République, assisté de M. Colard, commis-greffier;

En foi de quoi la minute du présent jugement a été signée par le président et par le greffier;

Ainsi signé à la minute : Cuniac, Colard.

En conséquence, le président de la République française mande et ordonne

A tous huissiers, sur ce requis, de mettre le présent jugement à exécution;

Aux procureurs généraux près les cours d'appel, et aux commissaires du gouvernement près les tribunaux de première instance, d'y tenir la main;

A tous commandants et officiers de la force publique de prêter main forte lorsqu'ils en seront légalement requis.

En marge de la minute se trouve la mention d'enregistrement suivante :

« Enregistré à Lyon, au bureau des actes judiciaires, le vingt-six juin mil huit cent soixante-douze, folio 144, cases une à quatre; reçu sur : 1° dommages-intérêts, trois mille sept cent soixante-huit francs quarante centimes; 2° condamnation, soixante-trois francs cinquante centimes; 3° cent quatre droits fixes, sept cent quatre-vingts francs; 4° deux décimes, quatre cent soixante-un francs dix-neuf centimes;

« En tout :

« Cinq mille cinq cent trente-quatre francs vingt-huit centimes. »

Ont été enregistrés, avec le présent jugement :

1° Trois arrêtés émanant de M. Challemel-Lacour;

2° Lettre originale de M. Vassel, maire;

3° Autorisation de M. Challemel-Lacour, au bas d'icelle. délibération du vingt-sept septembre mil huit cent soixante-dix, enregistrée en ce bureau le quinze novembre mil huit cent soixante-onze;

Deux affiches aussi enregistrées en ce bureau, le onze novembre mil huit cent soixante-onze, signé : Baudot.

Pour expédition : signé, Mathian ;

Enregistré à Lyon, le douze août mil huit cent soixante-douze, folio 40, case une ;

Reçu cent cinquante-huit francs quarante centime, signé : Baudot.

Lyon. — Impr. P. Mougin-Rusand, rue Stella, 3.

www.ingramcontent.com/pod-product-compliance
Ingram Content Group UK Ltd.
Pitfield, Milton Keynes, MK11 3LW, UK
UKHW021143230726
13926UKWH00002B/896

9 782014 454499